LIFELONG LEARNING AND THE NEW EDUCATIONAL ORDER

John Field

生涯学習と新しい教育体制

ジョン・フィールド［著］

矢野 裕俊＊埋橋 孝文
赤尾 勝己＊伊藤 知子［訳］

学 文 社

Lifelong Learning and
The New Educational Order
by
John Field

日本語版へのまえがき

生涯学習のための日本の政策と実施体制は欧米諸国の教育管理職者や政策立案者のみならず学者の間でも相当大きな関心の対象となっている。これは驚くにあたらない。生涯学習に関する今日の議論は国際的な性格をもっており、それはまた主として国際的な政府機関の活動から勢いを得ている。さらに言えば、日本は一九六〇年代末に生じた第一波の国際的な思潮の交流に対応して一九七一年報告書（訳者注—社会教育審議会答申「急激な社会構造の変化に対応する社会教育のあり方について」）を採択した、生涯学習の先駆者であった。その結果、都道府県や地方の当局だけでなく中央政府もまた生涯学習を推進するための手立てを用意し続けてきたのである。対照的に、ヨーロッパではスウェーデンだけが過去数十年にわたって、これとよく似た政策展開の経験をもっている。他のヨーロッパ諸国は生涯学習を支持する経済、社会、文化的議論を受け入れることはあっても、効果的な政策を確定することは困難であった。

現代の政治的経営の際立った特徴は他の国の政策的失敗と成功から学ぶという試みである。したがって、外国人は日本の経験から学ぼうとする。日本には長くて重要な生涯学習の経験があるので、この本が日本で翻訳出版されると知って驚きであるとともに光栄であった。この本が主として生涯学習に関するヨーロッパの議論に焦点を合わせていることを考えれば、私がこの本を書くにいたった背景について述べておくことは読者の役に立つであろう。

この本の起源は生涯学習をめぐる一九九〇年代半ばのヨーロッパの議論にある。日本の読者に、この議論が初めて起こったのは単一のヨーロッパ市場に向かう動きの文脈の中であったことを説明しなければならない。欧州共同体の全加盟国はモノ、人、サービスの移動にいっさいの内的障壁を取り除くことに同意していた。諸国政府はヨーロッパの競争力をめぐる共通の懸念のために、このように主権を共有することに合意していたのである。アメリカや日本と比べて、経済成長率は低く、失業水準は高かった。競争力、雇用、成長に関する重要な白書のなかで、欧州委員会は教育・訓練システム全体が一生涯にわたる学習を促進しなければならないと論じた。欧州委員会は、重要な象徴的身振りによって、一九九六年をヨーロッパ生涯学習年と定めることを宣言した(Commision of the European Communities, 1994)。その結果、加盟国が生涯学習を教育・訓練のみならず、雇用と社会政策の面でも自国の独自の政策に組み込むように奨励することを意図した一連の議案を含めて、欧州委員会はこの関心をさまざまな異なる方法で追求し続けることとなった。

欧州委員会が、いかにして生涯学習が非常に重大な関心事であるという結論に到達したのかを説明することは役立つかもしれない。当時、欧州委員会は労働組合運動出身のカリスマ的政治家であり、かつ一九六〇年代末と七〇年代初頭の短い時期に勢力を誇ったフランス独立社会党で活躍したジャック・ドロールが委員長を務めていた。ドロールは単一のヨーロッパ市場は強い大衆的支持を得た場合にのみ可能であると主張した。このことがヨーロッパに中間的な道を模索させた。それは競争力を助長するが、同時に社会的連帯と社会的包摂（inclusion）をも助長する。ドロールにとってみれば、生涯学習は二つの目標を達成する手段であった。ドロールはとりわけヨーロッパの労働力の高齢化した構成を考えに入れるならば、持続的なスキル向上が高い経済実績を維持するうえで決定的に重要であると主張した。彼はまた、教育・訓練へのアクセスを広げることが失業者やその他の排除された集団に新しい社会経済的機会を用意するのに役立つのだとも主張した。こうした考え方は、ヨーロッパ生涯学習年を迎えた広範なエネルギーと熱気の結果として、一九九六年に公的領域に持ち込まれた。

この本の一般的な起源となったのが生涯学習をめぐるヨーロッパの議論であったとすれば、これに命を吹き込んでくれたのはイギリスのニューレーバー（労働党新勢力）の行動であった。私がはじめてこの本の中心的な論題について発表したのは一九九八年にウォーリック大学で開かれた公開講座においてであった。その頃にはすでにイギリス政府は最初の生涯学習相を任命していたし、青少年や成人がさまざまな教育機会に参加するように奨励することを意図した一連の関連政策措置を開始していた。そしてまた、学者の間では、学習社会、学習組織、知識マネジメントといった関連する概念とともに生涯学習概念について論争が起こり始めていた。イギリスの研究者もまた成人学習への参加にみられる性質とその効果について知識を蓄え始めていた。（これはイギリスの状況ではしっかりと確立した研究領域となっている。）私の公開講座は広範な人々の関心を集め、トレンサム・ブックスのジョン・イグルストン教授が単行本の出版の話をもちかけてくれた。その結果、この本ができたのである。

日本の読者にとって、この本の主題は比較を促すものとなることだろう。奥本香は最近まとめた先駆的な博士論文（ロンドン大学教育研究所提出）のなかでイギリスと日本の生涯学習政策アプローチがまったく異なる軌跡をたどってきたと論じている。

日本の政策はコミュニティ形成や社会的再構築に関心がある。これに対してイギリスの政策は経済的な競争力と成長に関心をもってきた。彼女によれば、こうした違いはそれぞれに二つの国での生涯学習の正当性と適用可能性に影響を与えてきたという。

私の見解は、こうした違いはたぶん彼女が指摘しているほど大きいものではないであろうというものである。この本では、政策の強調点に違いはあっても、先進諸国の多くは非常によく似た難題に直面していると論じている。こうした難題のなかには、グローバリゼーションの経済的・文化的帰結や、出生率の低下と平均寿命の伸びという人口動態の変化や、伝統的なかたちの市民参加の衰退が含まれる。私は、現代の生涯学習のパターンは人びとがもつ規範や価値の根本的な変化を反映しているということも指摘している。現代の一部の社会学者が「反省的近代化」と表現するプロセスにおいては、知識や情報へのアクセスそれ自体が変化する規範や価値の原因の一つとなっている。

このような視座からみれば、政策の強調点の違いはあまり重要なものではないように思われる。

それよりもむしろ、重要なことは市民一人ひとりの行動であり、かれらが属する多くの組織やネットワークである。この行動がその後他の人々になんらかの帰結をもたらす。そうした帰結の一つとして、私が言いたいのは、生涯学習自体が社会的排除の克服よりもむしろそれを生み出したり強めたりするのを助長する場合があるということである。生涯学習は社会的連帯をはぐくむよりもむしろ、個人主義化の傾向を強めることを助長しかねないのである。そうした問題が日本を含む多くの国々で関心の的となっていることを私はよく知っている。日本の読者がこの本で論じられた広い意味において生涯学習の比較研究についてじっくりと考えてみる機会をもつことは私の喜びである。

スターリング大学　ジョン・フィールド

二〇〇四年三月

目次

序文

生涯学習は見事に単純な観念である。人々が一生にわたって学ぶということは明白である。人類が歩行と発話を最初に試みて以来、適応と学習の可能性は目を見張るほどに多様な新しい能力と知識によって広がっているし、それはほとんど呼吸と同じほどに無意識に行われるようになっている。しかも学習は学校や高等教育機関で起こることがらと何らかの関係があるが、学習とはこうした諸機関が提供する計画的な教授に限られない。反対に、学校で学習されることの多くは、非常に重大であるかもしれないが、正規のシラバスとはほとんどまったく無関係である。それゆえ、誰もが学び方を知っており、たいていの人が一生を通じてかなり効果的に学習するようにみえるので、こんな主題を扱った本でなぜ人の時間を費やしたりするのか。

この本のそもそもの成り立ちは生涯学習の政治経済学に関する長年の関心に端を発するものである。成人のための第二のチャンスの恩恵を存分に経験した者として（私と妹は成人学生として大学に入った）、そしてまた一九七〇年代以降成人学習の分野で専門的な仕事をしてきた者として、私は何を隠そう生涯学習の擁護者である。私はそのことを、概して良いことだと考えている。私たちはもっと生涯学習を盛んにすべきだし、今よりももっと容易に学べるようにすべきだし、もっともっとそれを高く評価すべきである。しいて言えば、生涯学習はそれほど単純明快なことであると思う。

しかし、問題や困難もある。その第一は、定義に関するものである。これは現実に対する十分な足場となるには手を広げすぎた、大雑把で何でもかかえこむ用語ではないのだろうか。もちろん、その通りである。教育や教授よりもむしろ学習を強調することによって、この言葉は私たちの誰もがすることに注意を喚起する。しばしば実際にそれをしていることすら知らずに、私たちは新しい事実や技能、思想や情緒的能力を恒常的教育機関、すなわち人生大学にたんに登録することによって学ぶ。私たちは友人や家族やよそから来た人たちとの対話から学ぶ。私たちは新しいことがらを試しにやってみることによって学ぶ。テレビを観たり、本を読んだりすることによって学ぶ。レコードカタログをぱらぱらめくったりインターネットサーフィンをして学ぶ。考え反省することによって学ぶ。こうした学習がとるに足りないものか、重大なものか、は二次的な問題である。用語のもつこうした広い意味において、人は生涯学習の実践者となることを止めるわけにはいかない。それは、すべてを含むのだと言ってよいし、実際その通りである。

しかし、生涯学習は教育に対する私たちの社会のアプローチについて考え、それを構築する一つの方法でもある。こうした狭い意味において、生涯学習はとりわけ政策立案者の間で現在きわめて流行的であり、私は生涯にわたる学習により大きな政治的関心が払われるのを喜んでいるが、このこともまた私たちに警戒させるものである。生涯学習に関するイングランドの一九九八年の白書へのまえがきのなかで、教育雇用相はどの年齢においても学習に対するオープンかつ好奇心に満ちた反省的なアプローチから生じうる人間の発達と成長について感動的に書いている。

急激な変化と情報通信時代の挑戦に対処するためには、人々が生涯にわたって学習に戻れるように保証しなければならない。私たちは、いかに教育程度が高く給料が高かろうとも少数のエリート集団をあてにすることはできない。その代わりに、私たちには国民全体の創造性、企業心、学識が必要である。学習は、私たちの経済の将来を約束するだけでなく、もっと広い貢献が期待できる。学習は私たちの社会を文明的にするのに役立つし、私たちの生活の精神的な側面を発達させるし、活力ある市民性を育てる。学習によって、人はコミュニティにおいて十分な役割を果たすことができるようになる。学習によって家族、近隣関係、そして結果として国家が強められる。学習は私たちが潜在的な可能性を実現するのに役立つし、音楽・美術・文学を愛好する扉を開いてくれる。そんな理由から私たちは学習がもたらす機会の平等のためだけでなく、それ自体のために学習の価値を認めるのだ（DfEE, 1998a, 7）。

しかし、より詳しく調べてみると、生涯学習に対する政策的関心は、主としてより生産的で効率的な労働力の開発に集中している。白書の主題は主として物質的な言葉を使いつつ、国民の経済競争力を高め、生活水準を引き上げたいという願いによって書き進められている。この証拠として読者は最初の二章を参照すればよい。実際、生涯学習はある程度政策立案者に一六歳以後の教育訓練のための、新しさや革新性などかけらもない従来の政策を今風に詰め直したに過ぎないような代物として語られてきた。既存の実践をよりカラフルな言葉で包もうとするこうした傾向は生涯学習に固執する提供者によるせき立てにもみられる。年次報告書、学校案内、成人教育パンフレットや専門職の呼称まですべてこの種の名称変更に従ってきた。その教育的な結果として生じたのは言語的ハイパーインフレであり、そのなかでこの語は絶えず価値をおとしめられている。

この語がもし緩慢な表現であり濫用の危険性があるとすれば、どうして使い続けたりするのか。生涯学習について語ったり書いたりし続けることには三つの理由があると思う。第一に、この語が内包している心意気を保持することが重要だからである。生涯にわたって断続的に学ぶ能力は、今や私たちの人生をめぐってたしかな選択を行うための前提条件となっている。しかも本書の後の部分で論じるが、私たちが一つまったく選択できないことは、私たちが生涯にわたっておびただしい選択に直面するという事実である。しかし、今日の教育・訓練システムは概して、私たちが大きな選択をするのは容易に特定される時点——すなわち、学校を終えるとき、大学入学時、最初の就職時、家を出るとき、結婚するとき、自分の家族をもつとき、退職するときなど——においてのみであるという仮定を今なお支えている。これらの時点は重大な転機である場合もあり、そうでない場合もあるが、もはやかつてのように単純な線形の順序で配列されていない。

私たちの一生には絶えず変化と再適応が生じ、変化とフレキシビリティについて絶えず語られているので、新しい技能や観念や適応力（aptitudes）を獲得する能力はそれ自体としては解放したり力づけてくれたりするものではなく、絶対的な前提条件なのである。このことはますます反省的で状況依存的になっている個人の行動に反映されている。すなわち、個人の生活とアイデンティティにおける変容と強く結びついて、インフォーマルで自律的な学習に静かな爆発が起きている。しかし、私が中心的に言いたいことはこれがごく部分的にしか経済的変化によって駆り立てられていないということである。また、これが経済的諸力によって動かされている面に限って言えば、人々が新しい技能や能力を獲得する方法を決めるうえで、生産に劣らず消費が重要である。しかし、これは概して経済の領域のまったく外において起きている。生涯学習の実践者としての人々の振る舞い方を決める際には、社会・文化的諸力もまたますます重要になってきている。こうした分析が正確であれば、たんに一六歳以降の部門にとどまらず、教育・訓練システムの全体にとってもつ意味は計り知れない。

第二に、現在の政策の弱点や混乱がどんなものであれ、今何か新しいことが確実に起こっている。生涯学習は神話でも、雑多な寄せ集めでも、流行でも、言説でもない。いや、むしろ、生涯学習は仮にそういったものであったとしても、なお私たちの注意を引きつけるが、たんなるそれらのどれでもなく、すべてでもない。少なくとも二つのレベルの分析が必要である。第一は、かなり伝統的なことだが、政策のレベルである。私たちは政策立案者が何をしているか、なぜそれをしているか、どのようにそれをしているか、誰を対象にしているか、そして結果はどうかを批判的に理解する必要がある。次に政策はシステムレベルの政治的プロセスとしてと同時に制度やサブシステムのレベルで理解する必要がある。政策は物語のごく一部に過ぎないのだが。表現としての生涯学習が離陸したのは、一部にはその語が今日非常に広まっている行動の諸類型をきわめてうまく言い当てているようにみえるからである。ジャーナリズムの言葉を使えば、情報社会や知識経済について語ることは今や古臭いこととなっている。もっと堅い言葉を使えば、現代のもっとも尊敬される社会科学者の二人、アンソニー・ギデンズとウルリヒ・ベックがいわゆる「反省性」を自分たちの思索の中心に据えている。二人にとっては、近代後期の特徴は、個人と機関に、自分たちが何者であり、どのように振る舞うのかについての選択をするために、自分たちが知っていることを反省することが求められるという点にある（Giddens, 1991; Beck, 1992）。とくに第1章では私は、こうした知的傾向を個人が日常生活のなかで行うインフォーマルで自律的な学習の全般的爆発と関連づけようと試みる。生涯学習は私たちの多くが毎日の目標を追求するために多かれ少なかれ意識的に行うことである。私たちがそれを学習とみなさないかもしれないという事実は重要だが二義的な問題である。

第三に、生涯学習が大きな問題となるのは、それが排除と統制のための機構だからである。生涯学習は人々を力づけるだけでなく、新しく強力な不平等をも生み出す。これは二つの大転換、すなわち知識依存経済への移行と、私がいうところの「反省的個人主義化」の全般的な発展の基本的な帰結である。（読者はここでウルリヒ・ベックとアンソニー・ギデンズの影響を見て取るであろう。）両方の傾向とも本書の後の章で詳しく取り上げる。概して、知識依存経済においては技能が最低レベルで不断の更新のための能力が最も弱い人々は有給の働き口、とりわけ自立可能で安定的なタイプの仕事がますます得にくくなっている。同時に、反省的個人主義化の傾向は直接的な社会的関係から福祉システムに至るまで社会支援機構へのアクセスが絶えず弱められ状況依存的にされているということを意味する。さまざまな帰結があるなかで、こうした傾向は訓練と発達に関するいくぶん権威主義的で威圧的な言説で表現されている。すなわち、自分の技能を更新しない人は社会のその他の人たちからの支援に値しないように思われるのだ。生涯学習はこうした傾向を表現するとともに強化もするし、ある程度正当化している。

要するに、この本はちょっとした概説的な論文である。一部は私自身の研究から出てきているが、かなりの部分は他の学者の業績に頼ったり、政策立案者やこの分野の専門家の考えや経験について考察している。分析に用いた主要な概念とアプローチについて手短に論じた後、第2章では日常のインフォーマルな学習における静かな爆発について考察し、新しい観念や技能の獲得を拒むことはもはや選択肢ではなくなっているという点で、私たちが生きる近代後期の世界が効果的に学習社会を生み出したことを論じる。たぶん行き過ぎなほどに、私たちはもはやものごとが過去にこうして行われていたからといって、そうしたやり方を受け入れたりはしない。第3章の中核となるのは労働関連学習という、私たちにより馴染みのある領域である。私は知識経済についてのある程度確立した見方をする。すなわち、私たちは多くの人々が今なおここ数十年の経済的・技術的変化の影響をほとんど受けない、単純で肉体を使う労働に従事していることに留意すべきである。

同様に、グローバリゼーションをめぐる最近の議論のなかには乱暴に誇張されたものもあると、私は考えている。経済成長にとって生涯学習がもつ価値を強調することは概して私には場違いのことに思える。そうした強調はせいぜい、言語的ハイパーインフレのプロセスをいっそう加熱させるのがおちである。私の意見では、教育・訓練システムを雇い主の短期のニーズに合わせて変えることよりもむしろ観念、情報、技能が個人や企業の間で伝えられる方法を明確にし、それを確立することはより意味のあることである。第4章の中心的な関心は技能がなくて労働力の周縁に置かれるような人々である。第4章では社会的不平等や排除に対して生涯学習がもつインパクトについて探究する。第5章では、教育・訓練システムに対する私の分析の意味を振り返る。現在の議論のほとんどは、生涯学習を概して学校終了後の教育機関・小セクターの関心事として理解してきたので、この章の内容の大半は多くの専門家にとって馴染みがあるだろう。だが、ここでも注意は「学習する性質」をもつ世代にとっての中核的場としての学校と家族にまで広げている。つまり、学ぶことを学ぶ場では、逆に新しい技能や観念の押し付けに抵抗する方法を学ぶかもしれないのだ。あまり一般には論じられていないのは、施設で提供される学習と個人が行うさまざまのインフォーマルな日常学習との間の関係である。ここでの私の議論は、反省的個人主義への傾向によって公財政による提供施設がいささかでも現在の地位を保持しようと思えば、かなりの挑戦にさらされることが明らかになってきている、ということだ。一つには対等性の理由から、また一つには公共の福祉の理由（とりわけ環境的な理由）から、これらの施設はそうした挑戦に立ち向かうべきだと私は考える。

謝　辞

この本に書かれている多くの考えは私個人のものではなく、同僚や友人との議論のなかで生まれ発展していったものである。とくに、ペーター・アルハイト、ジョン・バークリー、バリー・ブレナン、ジョーン・ブローダー、ロレーン・ブラックスター、フランク・コフィールド、トム・コリンズ、キャスリン・エックルストン、マーサ・フリーデンタル－ハース、クリスティーナ・ヒューズ、ユウアート・キープ、クラウス・キュンツェル、ミエスチラフ・マレウスキー、ラッセル・モーズリー、ローズマリー・プレストン、トム・シューラー、マイケル・ストレイン、マルコム・タイトそれからアラン・タケットには、本当に感謝している。ここでの議論の萌芽はセミナーや研究集会、それから、ウォーリック大学で行われた就任記念講演で提示したものである。これらの機会にすばらしいコメントを私にくれた皆さん、そして、貴重な時間を私の話に使わせてくださった主催者の皆さんにこの場を借りて厚くお礼申し上げる。

第1章　生涯学習——未来へのデザインか？

生涯学習——すなわち、学習は生涯にわたって延びることがあるという認識——は新しい教育的現実である。至る所で政治家その他が知識は未来の強みのもっとも重要な源であると繰り返し注意を喚起している。人間の知的資源がより馴染みのある土地、労働、資本といった資源と同列に考えるべき新しい「灰色の資本」となっている。ただ一つ、人的資本だけは誰もが各個人の生涯にわたって完全に持続的に利用し更新することができる資源である。利用し更新することができる、と同時に利用し更新しなければならないのである。

知識は生活必需品やブランド商品として売られているかどうかは必ずしも明らかでないが、きわめて市場性をもつものである。アメリカの企業のなかには知的資本担当の副社長を任用しているところもあるし、最高情報責任者を置いているところもある。首都警察もスティーブン・ローレンス殺人事件の正規の取り調べの後で起きた厳しい世論の圧力を受けて、「世界クラスの訓練を提供する職務……常に学び進化する職務」となるのだと称して一九九九年に新しい人材募集の広告を出した。しかし知識社会をめぐる議論は大流行しているので、ローレンス・プルーザックは次のようなぶっきらぼうな疑問を提示しつつ、経済協力開発機構（以下、ＯＥＣＤ）から出された一連の論文を紹介しなければならないと感じたのである。

それ［知識社会］は、何らかのランダムな自然現象のような頻度で往き来するように思われる、きわめて多数の経営熱病の新たな表れなのか。私たちはそうではないと思う。企業が知っていること、その知っていることを企業が利用する方法、そして新しいことを学ぶ速さ以外に持続可能な強みはないのだ（Prusack, 1998, ix）。

そして企業に当てはまることは国家にも当てはまるようだ。多数の手近な例から一つを取り出すとすれば、ある政府諮問委員会が最近、イギリスは「自国の労働力全体の潜在能力を十分に活用していないために」（DfEE 2000, 6）競争において重大な不利に甘んじていると主張した。そこで、学習時代は技能や知識に対する時代遅れの投資の必要性によってだけでなく、知識の第一義性によっても特徴づけられる。しかも、このことは一部少数の熟練労働者や専門職者にではなく、「我が国の労働力の全体」にあてはまるのだ。

今やこうした政策的至上命令の多くがごく当たり前のこととなっている。通説では、知識が新たに強調されるのは、一九六〇年代以降の世界システム全体を席巻した劇的な経済的・技術的変化の当然の結果であるとみなされている。たしかに一連の科学技術革新が、新しい技術パラダイムを構成する方向へと収斂してきたのは事実である。人間生活のほぼすべての領域が影響を受けてきたが、こうした革新のなかでもっとも劇的なものはマイクロ・エレクトロニクスで起きた。トランジスタ（一九四八年）、ＩＣ回路（一九五七年）、プレーナープロセス（一九五九年）、マイクロ・プロセッサ（一九七一年）などの発明はやがてまとめて応用されて情報処理に革命を引き起こし、さらにレーザー技術や超伝導体、光ファイバー、再生可能エネルギー源などの革新によっていっそう高められ拡張された。やがて、それらによりバイオテクノロジーなどの分野における革新が可能となった（Castells, 1989, 12）。キャステルズの考えによれば、こうした変化に共通しているのは、これらにより情報を操り、結果をさまざまな人間の活動に応用する人間の能力が革命的に高まったということである。

これらは劇的な変化である。これらはほとんどの人々の生活に深い影響を与え、産業とサービスが機能する環境を一変させた。私たちの学習ニーズに対するこれらの帰結は、不断の革新と変化のプロセスを支えることによって、実に深く遠大なものとなっている。私はこれらが生涯学習への移行にかかわる要因のすべてではないし、もっとも重要な要因ですらないことを強調したい。こうした大規模でいくぶん抽象的な経済・技術的変化のほかにも、私たちは政治、経済、科学のグローバルな引き潮や上げ潮と同じく、私たちの日常生活に深く根ざした変化と適応を求める親密で、しばしば小規模の一連のできごとに直面している。しかしグローバルな目で見れば、公共政策は主として、とかく経済的関心事によって形成されていくものである。市民性よりもむしろ、競争性が政策の第一次的な焦点なのである。

生涯学習――グローバルな政策的合意

生涯学習は突如の新しい流行として政策場面に登場した。この概念は少し異なる言い回し（生涯教育）で一九七〇年代初めに広く喧伝され、簡単にある程度の政治的賛同を手にした。生涯教育をめぐる論争は、とりわけスウェーデンでは政府の行動にそれなりの影響を与えたが、それの主たる動力基地はユネスコやOECDなど国際的シンクタンクの比較的毒のない世界にあった（Knoll, 1998）。この概念はやがて欧州委員会の迷路のように入り組んだ政策回廊のなかに再び登場した。そこで生涯学習は競争と経済成長に関するジャック・ドロール（Jacque Delors）の白書の礎の一つとなったのである（Commission of the European Communities（CEC），1994）。その後、欧州委員会が一九九六年をヨーロッパ生涯学習年と定めると、この概念は主流の政治的ボキャブラリーに急速に再び加わってきた。

イギリスはこうしたプロセスが起きた速さという点で教訓的な実例となっている。一九九七年に登場した労働党政府はキム・ハウエルズ（Kim Howells）博士をイギリス最初の生涯学習相に任命した。翌年には、ウェールズ、スコットランド、イングランドのそれぞれに別々の報告書（緑書）で提言が行われ、続いてイングランドにおける一六歳以降の教育・訓練のための白書『成功のために学ぶ』が出された。一九九八年初頭に設置された継続教育・生涯学習諮問グループが、将来の政策形成のための二つの包括的な報告書を作成した（Fryer, 1998; Fryer, 1999）。

しかし、こうした展開はイギリスだけのことではない。欧州委員会は生涯学習年を制定しただけではなく、「学習社会に向けて」という副題をつけて教育・訓練に関する独自の白書を出版した（CEC, 1995）。ユネスコはジャック・ドロールに教育・訓練に関する委員会の議長就任を要請したが、その委員会の報告書は、かれが欧州委員会の委員長を務めていたときにすでに輪郭が出来上がっていた議論を精緻に組み立てたものであった（Delors, 1996）。ドイツでは、連邦教育省がギュンター・ドーメンによる生涯学習に関する一連の報告書を出版したが、そのうちの一冊はイギリスやアメリカよりもむしろ 西・中ヨーロッパでの、より広範な世論形成をねらって、同時に英語版も出された（Dohmen, 1996; Dohmen, 1998）。生涯学習の政策文書はオランダ、ノルウェー、フィンランド、アイルランドの各政府からも出された（Ministry of Culture, Education and Science, 1998; Department of Education and Science, 1998）。言うなれば、今や生涯学習はヨーロッパの数カ国で教育・訓練システムを現代化するための便利で政治的な簡潔表現となっている。

こうした事態はどのようにして起こったのか。この概念の起源を、公共政策の他のどんな分野よりもとりわけ教育思潮に影響を与えた一九六〇年代末の知的高揚にまで遡る人もいる（Boshier, 1998; Knoll, 1998）。一九六〇年代の多くの思想がそうであったように、生涯学習は学生運動のラディカルな思考と、アルビン・トフラーのような未来学者のポスト産業主義の造語とに依存した。「大衆の方向感覚喪失」というかれの黙示録的な警告は、教育計画に携わる人々に対する直接の異議申し立てとなった。明らかに戦後の経済成長率が早期に低下したことは教育政策の優先事項や教育施設の見直しとある程度のかかわりをもつものであった。

しかし、生涯学習の議論は六〇年代末と七〇年代初期に対する関心の急激な高まりよりも前に始まっている。この概念自体は第一次世界大戦の終結の後の知的高揚にまで遡ることができる。ロシア社会主義革命のような国際情勢の影響と同時に、女性と労働者階級男性に対する市民的諸権利の拡張をめぐる活発な論争の影響も受けて、イギリスの一政府委員会は一九一九年に次のように述べた。

> 成人教育はここかしこにいる少数の例外的な人々のための贅沢であるとか、成人早期の短い期間だけにかかわることであると考えてはならない。成人教育は永久の国民的必需品であり、市民権の不可分の一面であり、それゆえ普遍的かつ生涯にわたって行われるべきものである（Adult Education Committee of the Ministry of the Reconstruction, 1919, 5）。

その後、その委員会の委員の一人でもあったYMCAのバジル・イークスリーが「生涯にわたるプロセスとしての教育」の必要性が増大していることについて語った（Yeaxlee, 1920, 25）。しかしながら、この一九一九年報告書は諸事実によって急速に乗り越えられてしまった。すなわち、この報告書は労働不安と結びついた経済危機の状況のなかで、市民権についての広く緩やかな合意を反映するものであったが、そこで示された見解は労働団体にとっても、保守的傾向を募らせる中流階級にとっても、ことさら魅力的なものではなかった。しかも、成人の教育・訓練は政策と提供のますます重要な焦点となっていたが、年少世代の社会化が主な目的となっていたシステムのやや周縁部に位置づけられたままであった。一九七〇年代初めになってようやく生涯学習という観念は糊で固められたような教育政策形成の世界に浸透し始めたのである。

一九七〇年代の論争は遠大で、長期的に見ても影響力の強いものであった。特徴的なことだが、生涯学習をめぐる論争はユネスコやOECDなど国際機関の枠組みで集まる教育専門家の得意とするところであった。とりわけユネスコは世界的な論争を促し、一九七二年にはフランスの首相と教育相を歴任したエドガー・フォールを座長とする国際委員会の報告書『存在のための学習』(*Learning to Be*)の出版へとこぎつけた(Faure, 1972)。生涯教育(この当時は珍しい言い方だが、生涯学習)の原理に関する公的な文書として、フォール報告書は一つの転機となるものであった。この報告書が本質的にもつヒューマニスティックな関心は、教育の異なる段階をフレキシブルに編成することによって、より高い程度の教育へのアクセスを広げることによって、フォーマルな学習だけでなくインフォーマル、ノンフォーマルな学習を認知することによって、さらに健康教育や、文化教育、環境教育などの当時の新しく出てきたカリキュラム上の関心事によって「自己実現」を達成することに向けられていた。ユネスコの見解によれば、教育はすべての個人にとって全生涯にわたって行われるべきものであって、特権的、専門的な少数者のための学校や大学にのみ留められるべきものではない。ヨアヒム・ノールの言葉を借りれば、広汎で夢のような宣言である『存在のための学習』は「国際的な教育政策と改革の楽観的な局面を切り開く役割を果たし、生涯教育をめぐる論争の開幕をも告げた」のである（Knoll, 1998, 38）。

ＯＥＣＤの貢献は、急進的なヒューマニズムが少しばかり注がれてはいるものの、人的資本の考え方という点からよりよく説明されるものであった。ＯＥＣＤは一連の研究において、いわゆる「リカレント教育」のための政策的道具を生み出そうとした。リカレント教育のねらいは、政府に生涯教育実現のための実際的な方法を提供することであった（OECD, 1973）。こうした道具の典型は有給休暇の法制化と並ぶ有給教育休業（PEL）の提案であった（有給教育休業のドイツ語ならびにフランス語訳はほぼ教育休暇となる）。有給教育休業は、すべての者のために学習文化を振興し、競争の激化と社会的平等の増大を促すのに役立つと言われた。有給教育休業の法制化はスウェーデンやドイツの一部の州で導入され、よく似た方策がフランスでも一九七一年継続教育法のかたちで採用された。こうした先導的な動きはさらに他のところで詳しく、しかもある程度共感の目で見られた。実際には、明らかに法律上は有資格の人たちの総数と比べて比較的少数の人たちの参加にとどまり、持続的な訓練や教育から研修する側にとってみれば軽いと言われる研修ツアーのような、短期で消費者志向の強い活動への流動がみられるなど、この経験は予期した方向とはいくぶん異なる方向へと進んだ（Nuissl, 1988）。有給教育休業は、ＯＥＣＤ加盟諸国がテクノロジーを誘因とする適応や変化のプロセスに乗ってゆく産業秩序に労働組合を組み込んでゆく方法として、産業民主主義という考え方をもてあそんでいた頃に生まれた。一九六〇年代末と七〇年代初頭の大規模な労働不安が終り、失業者数が増大し始めた後、産業民主主義の議論はすたれて、有給教育休業もその勢いをそがれてしまったのである（Field, 1988）。

有給教育休業以外には、具体的な政策形成は比較的めずらしかった。成人教育関係者はこの新しい概念に正当性を認め、こうした評判のよい領域に対する支持を見出した（Gustavsson, 1995, 90）。そして実際に、一部の国々は――スウェーデンがよく知られているが――成人教育に対する支出を拡大した。イギリスでは、政府に成人教育のための政策を提言するためにラッセル委員会が設立された。この委員会が提出した勧告自体はいささか退屈なものだったが、基礎的識字教育や在宅成人教育などといった、特定のタイプの教育的用意を促進するために少数の新しい機関を設けることを支持した（Department of Education and Science, 1973）。しかし、全体としてみると、初期の論争がもっていた相乗しあうインパクトは抑えられ、拡散させられてしまった。

ＯＥＣＤやユネスコの活動を補足する特定の政策提言がまったくなかったというわけではない。それでも、実践的な展開という点から言えば、生涯教育に関する論争の直接的な結果として達成されたことはまずほとんどなかった。イギリスではイングランドとウェールズの国立成人教育研究所の一部局として新しく成人リテラシー資料局が設けられ、スコットランドでも同様の機関がつくられた。すなわち、バーンズリーに新たに寄宿制の成人カレッジが開設された（これは中央政府の側の関心よりもむしろ南ヨークシャー地方当局のおかげであったが）。ガイダンスや多文化教育といった分野で比較的小規模の先駆的実践があった。そしてそれはその程度のことで終った。生涯教育に関する初期の論争は事実によって、とりわけ一九七三年の石油危機の始まりによって乗り越えられた。この危機は、第二次世界大戦後の福祉協議をめぐる合意からの漂流とともに、その後一〇年以上の失業水準の上昇の幕開けとなるものであった。イギリスではジェームズ・キャラハンの労働党少数与党政権が若年失業の増大だけでなく産業不安に苦しめられた。教育に関するこの政権の優先事項はおおよそ一九七六年にキャラハンがラスキン・カレッジで行った演説に表れていた。そのなかでは、学校が若者を労働の世界に準備させることにもっと関心を向けるべきであると主張されていた。成人教育も、とりわけ失業の経験が若年層から成人労働力へと広がり始めるにつれて、こうした圧力を免れられなくなった。地方当局が、法律で義務付けられていないサービスに対する支出を削減せよ、という圧力を受けるようになった時期に、フォールやかれの後継者たちの心を掻き立てたヒューマニズムの理想主義は政府の批判的左派が言うところの「新職業主義」に取って代わられた。

一九八〇年代の大半、このトピックについて国際機関・諸国共同機関からはほとんど発言がなかった。失業との闘いが成人教育・訓練の中心的課題としての位置を占めるようになった。しかし、一九九〇年代には生涯教育は新たな活力を帯びて、欧州委員会、ＯＥＣＤ、ユネスコ、Ｇ８（主要国首脳会議）から登場した基幹政策文書とともに中心課題の位置に戻ってきた。これらの文書は本質的にほとんど同じことを言っているので、その概要を詳しく紹介する必要はないであろう。

教育・訓練に関する欧州委員会の白書は空想的なものと実際的なものとを混在させた。ドロール委員長時代の終わりが近づくにつれて、欧州委員会の主要な役割は教育・訓練を単一のヨーロッパ市場の要件に適合させる方法を提案することであった。ヨーロッパ市場が一九九二年に完成したことはヨーロッパ化のプロセスの高揚を示すものであった。欧州委員会の診断は単純そのものであった。EUはグローバリゼーション、情報技術、科学の応用の脅威と好機に直面している。EUを構成する諸国家は、日本やアメリカに匹敵するようになろうとすれば、他の政策領域と同様に教育・訓練において主権と資源の一部を貯蔵しておかなければならなかった。このことはまたヨーロッパ市民としての感覚の発達を促し、社会的包摂を推進した。生涯学習の中心的役割は欧州委員会の一九九四年の競争力に関する白書においてすでに鮮明になっていた。

> 明日の世界での生活のための準備は一回きりの知識やノウハウの獲得によって満たされるものではない。したがって、生涯学習と継続訓練を発達させ、一般化し、システム化するという考え方に基づいてあらゆる手段を講じなければならない(CEC, 1994, 16, 136)。

教育・訓練白書は同じメッセージを出した。一九九七年の世界教育会議の企画段階に準備されたこのユネスコ報告書は、欧州委員会の委員長を辞めた直後のジャック・ドロールが議長を務める国際委員会が起草したものであった。生涯学習の振興を図るうえでNGOの役割を強調したことは――これは広範囲に及ぶユネスコの政策討議に共通する視角であるが――OECDやEUの立場とはかけ離れたものとなった。それ以外のことでは、しばしば言葉のラディカリズムがみられるにもかかわらず、実質的には何も新しいことや異なることを言わなかった。

影響力の点では、OECDはEUの政策機関とユネスコの中間に位置している。OECDの役割はもっぱらとは言えないまでも主としてこうした政策がグローバル経済に及ぼす影響に関係して、ほとんどすべてさまざまな分野での政策の批判と形成にかかわるものである。加盟国が世界の比較的裕福な（しかもすべてではないが大半が欧米の）国家であり、主な注目者が比較的年配の政策立案者であり、報告書の多くが省庁間の論争を引き起こすので、OECDはEUのような直接の権力ではないにせよ影響力をもっている。OECDは一九八〇年代と九〇年代に、第二義的には「社会的結合」の保持に注意を払いながら、「マクロ経済的安定化、構造的適応、生産と消費のグローバリゼーションを奨励することにおいて諸国政府を支援するという目標を追求した。OECDが一九九六年に「生涯学習をすべての者に」を主題として教育相会議を開いたのはこのような文脈においてであった。またもや地球規模での競争的圧力と科学およびニュー・テクノロジーによって引き起こされた変化に言及することによって、生涯学習の強調が正当化された。しかしながら、OECDの関心はユネスコやEUよりもいくぶんより先へと進んだものであった。OECDは、生涯学習を「生涯にわたる意識的な学習の継続」を意味するものと理解して、「仕事中にインフォーマルに、他の人たちと話すことによって、テレビを観たりゲームに興じたりすることで、その他人間の活動のほとんどすべての形態によって」行われる学習を含まなければならない、と強調した（OECD, 1996, 89）。このことはＯＥＣＤがインフォーマルな学習とフォーマルな教育・訓練システムとの間の結合を築くことに重点を置いたことに表れている。

国際行政機関の間でも確実に生涯学習を支持する政策的合意は誰の反対をも受けないものとなっていった。繁栄した諸国では中央政府もまた確実に全般的にほぼ同じ方向へと進んでいった。生涯学習はヨーロッパ社会民主主義段階への「第三の道」の、政治の参入のための理論的背景を用意するギデンスの試みのなかで肯定的に取り上げられている（Giddens 1998）。生涯学習が望ましいものであり、また政府の介入のための正当な焦点であると非常に多くの人々によって考えられているのであれば、次のような質問をしてもよいであろう。実際に何が起こっているのか、と。

変わりゆく人生の行程と新しい学習の挑戦

生涯学習はたんなる「進行中の人的資源開発」に過ぎないという論難をよく聞く（Boshier, 1998, 4）。しかも、論争が主として経済的先入見によって進められてきたというのは事実である。大事なことだが、生涯学習の指導的擁護者の一部にはＯＥＣＤや欧州委員会のような人的資本思想の殿堂から近年になって来た人もいる。そこでは、生涯学習は何よりも競争上の優位の源泉とみなされている。狭い職業主義によって傷つけられて、生涯学習のこの広くゆきわたった定義はよりヒューマニスティックなアプローチを求める人々から批判されてきた。さらに、後で論じるつもりだが、この定義は経済生活以外の生活領域におけるとてつもない変化を過小評価している。にもかかわらず、近代社会における労働の変容が深刻で、教育・訓練にとってそれがもつ意味は――実際のみならず潜在的にも――遠大である。

労働の意味そのものが変化している。第一に、ほとんどの人は昔と比べて労働に費やす時間がはるかに少なくなっており、他のことに用いることができる時間が生み出されている（しかもそのことが私たちにある程度の選択を行使するように求めている）。一九世紀には、労働が日曜日を除く毎日の非睡眠時間のほとんどを占めていた。一九〇六年までには年間平均労働時間は約二九〇〇時間に上っていたと推定される。これが一九四六年には二四四〇時間にまで低下し、一九八八年には一八〇〇時間まで低下した（Hall, 1999, 427）。第二に、職業がますます不安定で予測困難になってきている。個人のなかには余剰人員として、あるいは閉鎖によって職業から投げ出される人もいれば、たえず職業生涯（career）を変えることを選ぶ人もいるし、自分の労働人生の一定期間を散発的もしくはパートタイムで働く人だっている（Arthur, Inkson and Pringle, 1999, 29–37）。当然の帰結として、労働は人のアイデンティティを決定するうえで中心的な役割をいくぶん失いつつある。産業革命が西洋世界を席巻した後、人々の仕事は自分が何者なのかということと中心的に結びつくものとなった。当時は、多くの社会批評家はこのこと自体が解放であると考えた。かれらはアイデンティティが生得的に与えられる封建的世襲身分と、職業が社会的階層秩序における人の位置を決定する産業資本主義の「獲得的な地位」とを比較対照した。もちろん、これは概して男性に当てはまる現象であったが、完全にそうだとも言えなかった。たとえば、「地階」で働く女性のセルフ・イメージには家庭内従僕の地位が強力に刻印されるということもあった。

仕事とアイデンティティとの深い結合は個人の主題に限定されるものではなかった。それは、政党、労働組合、協同組合などの組織された労働が全体として労働者階級の集団的利益を代表するようになるにつれて、西ヨーロッパやオーストラリア・ニュージーランドの政治をかなりの程度支配するようにもなった。ヨーロッパの大半では、もちろん主として中流階級を支持層とする政党があっただけでなく、(デンマークのヴェンスターのように)農民を代表する政党もあった。しかしながら今日では、自動車工が保守党に(国によっては急進的右翼に)投票したり、弁護士や不動産業者が左翼政党に投票したりするのはもはや驚くようなことではなくなっているし、他方では、社会的出身背景を問わず、ますます多くの市民がわざわざ投票に出向いたりしなくなっている。

労働が外的指標としても自己アイデンティティの源泉としても役割を失ったということではない。反対に、労働は今なお両方の点で重大な力である。しかし多くの人々は自分の生涯のより多くの時間を労働力としてよりも労働力として以外のことに費やしている。しかもそれは人々が初期教育システムにかつてなく長い時間を費やし従来よりも早く引退するからではない。平均寿命は二〇世紀に際立って延びたにもかかわらず、今なお延び続けている。たとえばイギリスでは、二〇世紀の一〇〇年間に約三〇年延びた。しかし、労働には競合するアイデンティティの源泉にみられる多元性がますますつきまとうようになっている。

多くの人々にとって、アイデンティティはライフスタイルといった概して自分で選んだアイデンティティの源泉だけでなく、世代やジェンダー、エスニシティといった集団的特性に依存しているかも知れない。それというのも、人生の重要な諸段階の予測可能性を壊したのは労働ばかりではない。結婚はかならずしも画然とした一段階ではなくなっている。家族も巣というよりも、むしろ複数の異なるカップルから生まれた子どもによって構成される護送船団（convoy）に近いものとなっているようだ。また友情も同様に、個人の移動の結果として時間と空間に広がりをもって結ばれるものとなっているようだ（Pahl and Spencer, 1997）。人類史上はじめて、個人は自分の人生において幼い子の親としてよりも、まだ生きている自分の親の子としての時間の方が長くなっている。そして自分の子どもが成熟して大人となり退職する、というようなことも起こりうるようになっている。一人のパートナーと昔ながらの職業人生を持ち続けている人々でさえ、自分は正しい判断を下しているという確証もないままにオルタナティブについて考え比較考量するように求める「リスク状況」に直面している（Beck, 1992）。

私たちは例外なくライフコースにおいてたえず断絶に直面している。しかも、私たち自身の資源に主として依存した状態のままに放っておかれるようにしばしばみえる状態で断絶に直面する。社会的変化は、前の世代までならそこから支援や慰めを引きだしたかもしれない伝統的な社会的ネットワークを侵食してきた。その代わりに登場したのが、よりオープンで流動的で短命のネットワークである。社会的変化はまた、より古い役割モデルの今日的意義を低めるので、私たちの父や母のような人たちがしたかもしれないことを知ることによって選択することは滅多にない。その代わりに、代替となる大量の行動モデルを検討しなければならない。そのうちの一部はテレビや新聞を通じて、ほんのつかの間、離れたところで経験されるのだが。私たちはおびただしい数の日々の挑戦に直面している。しかも、そうした挑戦は非常に新鮮で多様なかたちをとってやって来るので、私たちの生活ニーズと、標準化され、既成で公式どおりの一連の解決策との対応関係は次第に密接なものでなくなりつつあるようにみえる。しばしば選択肢は無限にみえるし、多数の権威が注意を引こうと競い合っており、いずれにせよ、専門家のアドバイスはしばしば矛盾したものとなって、後から間違いであるとわかる。こうした状況では、社会学者アンソニー・ギデンスが言ったように、「自己アイデンティティは、一貫性はあるが、たえず改訂される人生誌の物語の持続にかかわる、反省的に組織された努力となるのだ」(Giddens, 1991, 5)。

このプロセスはライフサイクルに関する理論とのかかわりで容易に説明することができる。一九七六年に、ゲイル・シーヒィが「成人生活の予見可能な危機」という刺激的な副題をつけて『パッセージ』というベストセラーを出版した(Sheehy, 1976)。アメリカとイギリスの両方でペーパーバックのナンバーワンの売れ筋となったこの本のなかで、彼女はライフサイクルの各段階に伴う特徴的な難題や好機と同時に、異なる諸段階の輪郭を描いた。社会心理学分野の研究成果に依存しつつ、シーヒィは成人の人格が時の経過とともに発達し変化していく状況に共通のパターンがあるかどうかを明確にするために一一五人の成人にインタビューを行った。彼女はとくに夫婦の予見可能な危機の瞬間をつきとめることに興味をもった。例として取り上げられたことのなかには、結婚、家庭づくり、職業生活の目標の確立に伴って起こる成人世界への移動、それから職業生活が進展し、子どもが学校に通い始め、夫婦がともに関係を再評価する（再評価は離別や再婚につながることもある）につれて安定の模索が続く、等々のことが含まれていた。たぶんシーヒィが書いていたときにはこうした描写はいささかすでに時代遅れになっていたのだが、それが国際的に受け入れられたのは心を揺さぶったことの表れである。人々は彼女の原型のなかに自分の姿を見出した。人々は自分自身の人生を計画するのに役立つようなやり方で彼女の診断から学べるかどうかが知りたかったのである。

一九九〇年には世界のこうした図式は磁力の大半を失っていた。『パッセージ』が出版されてから二〇年後、シーヒィは年齢とライフステージの間の境界がごちゃまぜにされ、引き延ばされ、多元化され、個人がいつ仕事を見つけ、結婚し、子どもを生み、職業生涯を築き、退職するものなのかや、そもそもこうしたことをするのかどうかすら言うことはできなくなっている状況を示そうと試みて新しい本を書いた（Sheehy, 1996）。シーヒィと出版社が最大の努力を払ったにもかかわらず、この本は前著のように国際的なベストセラーの地位に到達することはけっしてなかったのである。

なぜシーヒィのアプローチはそんなにも魅力がなくなったのだろうか。答えは、個人の人生誌がとうてい「予見可能な危機」の連続ではなくなり、ますます多様で同質性のないものとなっているからである（Alheit, 1992, 186–8）。成人の生活の諸局面は重なり、延び始めたのである。労働市場への参入はもはや（一般に男性の）学校教育終了者というコーホート全体の宿命ではなくなっているが、たえず延長される学校、カレッジ、大学への在学期間によって延期されている。在学期間は今やしばしばパートタイム雇用やフルタイム雇用とすら組み合わされるのである。退職はもはやみんなにとって同時に起こるものではなくなっており、退職時期が早くなったり遅くなったりする。確かなことは、今や人々の寿命が延びたといったこと以外の理由で、多くの人々が自分の人生のより大きな部分を退職してからの時期に過ごすということである。人生誌はとくに男性にとってはもはやかつてそうであったように仕事を中心に回転しない。個人は自分自身の人生誌を構築しなければならないとさえ論じる人もいる。かれらが人生誌に付与する意味さえますます自己生成的である。ペーター・アルハイトが「手作り伝記」、すなわちバステル・バイオグラフィーについて書いたのはこういう文脈のなかでのことであった。

シーヒィの運命はとりわけ教育の分野にとって反響を呼ぶものであった。成人教育の理論は主として米国でマルコム・ノールズらによってつくられたが、それはライフサイクル理論に深く依存したものであった。たとえば、ノールズは成人のライフコースをライフステージごとに分析することによってアンドラゴジーの理論をつくり出した（ノールズは成人を教える「技術と科学」

を、ペダゴジーすなわち子どもを教えることと区別しようとしてこの概念を編み出した)。ライフコースを暦年齢にそくしてライフステージに分けるという明快なモデルの崩壊は、やがて欧米における成人教育の専門家の言説や理論的前提を形成してきた支配的な概念枠組みを掘り崩すこととなった。

成人教育指導者が生涯学習の政策的喧伝の強まりに対して相反する受け止め方で対応をしたことは驚くにあたらない。一方において、生涯学習は成人教育というシンデレラを教育理論の周辺における長期にわたる無視から救い出すために遣わされた華麗な王子として登場した。北アイルランドの著名で経験豊かな成人教育指導者が熱狂の根拠を次のようにうまく要約している。

> 時おりある概念が出てきて、理解すらされないうちに興奮、すなわち私たちに世界の異なる見方ができるのではないかという感覚を伝えたりする。生涯学習はそのようなものであった。……突如として私たちは流行のなかに入り込んだのである(Nolan, 1999, 4)。

他方、生涯学習論争は既存の成人教育の構造を脅かすようにみえる。それが経済・職業的関心によってきわめてはっきりと支配されているからばかりではなく、それが学習を細かく区分してとらえる見方を祝福し促進したからでもある。もし私たちすべてがたえず学ぶとすれば、学習を促進する責任は、容易に識別可能な専門家の小集団にではなく、成人が自分の学習に着手する環境をいずれかたちづくるかもしれない広汎な人々にある（Edwards, 1997）。スコットランド保健教育庁が健康増進事業者のケースで認めたように、成人学習を支援する人々の多くは自分たちがそうしていることを自覚すらしていないかもしれないし、このことを自分たちの第一の役目だとは考えていない（HEBS, 1997）。もしノールズのアンドラゴジー概念が専門分化した成人教育専門職という考え方に心地よい理論的支柱を与えるものならば、生涯学習という考え方は学習者を支援するという役割をおびただしい断片へと粉々に砕くことになる。

教育と学習社会

こうした事情は教育・訓練システムの将来にとってどのような意味をもつのだろうか。今日の教育・訓練システムは結局、一八世紀末および一九世紀初めのヨーロッパと北アメリカの大半を襲った都市化、産業化、知的発見のプロセスの産物である。しかし今日、このシステムはその基本的枠組みにおいてほぼ全世界にわたって際立って類似している（Adick, 1992）。ユルゲン・ハーバーマスは啓蒙時代の知的遺産を攻撃する際に、ポスト・モダン論者すらが例外なくずっと近代思想の特徴であった論理と議論の手続きを用いていることを指摘して悦に入っているようだ（Habermas, 1985）。しかし、近代性の潜在的可能性はまだまだ尽きるものではないが、近代（modernity）の達成そのものが既存の教育・訓練システムにおびただしい圧力をかけている。とくに三つの主要な要因が変化への願望の衝動力となっているようにみえる。すなわち、知識が実践に適用される速さのとどまるところを知らない増大、情報を処理・伝達するニュー・テクノロジーの能力のかつてない拡大、グローバル化傾向の強力なインパクト、の三つである。

現代の論争の第一の論点は知識の経済・社会的重要性の増大である。現代世界の科学、テクノロジーなどの知識や観念はきわめて重大な意義をもっているので、私たちの歴史の産業と農業の局面を置き去りにしてきて、今「知識社会」に住んでいると考える人もいるくらいである。こうした見方を最も雄弁に語る人の一人、マニュエル・キャステルズは(かれの考えでは、知識社会の主要な特徴はより高い生産性を生み出すために知識が知識自体に介入する社会である)「知識社会」について語ることを好む(Castells, 1989, 10)。知識社会、情報社会、学習社会といった用語が実際にある程度の分析的足場をもつのはこうした分析的意味においてである。これらの用語が現実の正確な記述であるならば、私たちは新しい社会の編成の入り口に立つことになる。

もちろん、レトリックに圧倒されないことは決定的に重要である。これらの用語が意味することはかならずしも明確ではないし、その用いられ方も実に多様である。ロナルド・バーネットのような評論家は、「知識社会」について製造業を発展途上国に譲り渡した欧米のポスト産業社会に限定される話として語っている。(経済的)土台と(イデオロギー的)上部構造のマルクス主義的な区別を読者に思い起こさせる言語を使って、バーネットは「知識は現代社会にとって非常に重要になったので、知識は土台そのものにはなっていないとしても、少なくとも土台にしっかりと組み込まれている」と述べている(Barnett, 1990, 67)。他方、キャステルズにとって、知識は国際化の強力な力となっており、すべての国に（不均等にではあるが）影響を与え、そうした国々を情報と生産の相互に入り組んでネットワーク化した流れのなかへと引き込んでいる（Castells, 1989, 126–45）。

知識に第一義的重要性があるとする考えはれっきとした流行概念となったのである。さまざまな実践的帰結のなかでも、それは知識マネジメントという学問の下位区分を生みだした。この学問区分は究極的には、組織が個々のメンバーのもつ情報、技能、観念の全体におよぶ潜在的な集まりを活用することができるように保証する試みであると考えられる。実際には、知識マネジメントの分野はとりわけグループウェアやイントラネットといった新しいインタラクティブ・ツールの導入に伴って、主としてＩＴシステムの専門家によって支配されるようになった。しかしながら、それはまた、政策立案者やそのアドバイザーからだけでなく、人的資源プロフェッショナル（Searbrough, 1999, 68）からの次第に強い注目をも集めている（Social Exclusion Unit 2000）。

さらに言えば、知識の支配は反駁を生まずにはありえない。もっとも明瞭なのは専門性の源泉の増殖とそれに伴って生じる（しかも関連する）専門家に対する素人の服従の低下である。両方の傾向とも、通常は司会者に代表される「普通の人々」がそのなかで専門性の責任を問うことのできる、視聴者討論番組に対するテレビの情熱に見てとることができる（Livingstone and Lunt, 1991）。しかし、知識経済における競争のための効果的な戦略の開発を目指す政策立案者にとって、そうした関心は中心には来ない。産業革命に息吹を与えたプラントや機械設備に対する投資とは対照的に、イギリスのある政策文書は次のように主張している。

二一世紀の情報と知識ベースの革命は非常に異なる基盤――人々の知性と創造性に対する投資――の上に築かれる。私たちは、ちょうど一〇〇年前にしたように、発明を新しい富へと変換することによって成功を収める。しかし、その当時とは違って誰もが革新し報償を得る機会を手にしなければならない。研究室のなかだけではなく(DfEE, 1998a, 9–10)。

スキルがなく、資格がなく、教育のない人々は機会の減少に直面するだけではないように思われる。かれらは知識の応用を引きずり戻し、教育を受けた創造的なマジョリティが入手可能な知識社会の果実を最大限に享受することを妨げる錨ともなるのである。

第一の論点が知識一般の新たな役割ならば、第二の論点は新情報通信テクノロジーの目を見張るべきインパクトである。たんに非常に勢いのあるテクノロジー自体が急速に進歩してきたからばかりでなく、またそうしたテクノロジーの利用が多様だからというだけでなく、異なるテクノロジーの収斂が帰結を増幅し新しい応用のしかたを増殖させる程度が大きいからである。一つの明白な例は、電話、放送、インターネットの間にみられる収斂である。これは新しい国内娯楽メディア・通信システムを導入しただけではなく、やがて一連のビジネス・プロセスを変えてしまった。もちろん、このことは、新情報通信テクノロジーにアクセスしやすくなっているのは誰か、せいぜい制限された部分的なアクセスしか可能でないのは誰かという疑問をくっきりと浮かび上がらせる。情報社会の市民となれるかどうかはさまざまなテクノロジーの利用可能性をもつかどうかにかかっている。

ニュー・テクノロジーの多くが学習活動支援に適用されているので、訓練・教育は情報通信テクノロジーの変化のペースによってもろに影響を受ける。しかし、新情報通信テクノロジーのより重要な帰結は、それらが生活の他の領域に対して及ぼすインパクトから生じる。とりわけ、産業やサービスにおけるそうしたテクノロジーの応用は生涯学習のための新しい論点の多くをもたらしている。世界中で、政府と企業はニュー・テクノロジーの新たな応用から生じる革新が、競争相手は競い合って前へと進んでいるのに、自分たちを立ち往生させることを恐れている。政府にとっては、解決策は目を眩ますほどに明瞭である。しばしばヨーロッパ社会に、現実の、あるいは未来の危機を警告することによって議論を強化しつつ、教育と訓練に関して、たとえばヨーロッパ情報社会を建設する必要性に言及しない政策文書が欧州委員会からはほとんど一つとして現れない（Field, 1998, 174–82）。またもや、教育・訓練にとっての意味は一般的に言って劇的であると考えられる。

ニュー・テクノロジーは本来的に解放的であると考える熱心な信奉者もいる。ある信奉者がインターネットに関して述べたところでは、「ここに突如として、そのなかで読み手が書き手になり、子どもも専門職者と同じほどの頭脳をもち、境界が容易に越され、階層秩序が異議申し立てを受け、新しい協働が形成されうるメディアが生まれた。こんなに素敵な人々もまた」(Wilcox, 1998)。しかしながら、より一般的には、新しい情報通信テクノロジーはある程度の懸念をもってみられている。「情報社会」についての報告書のなかで、欧州委員会は「情報社会は、社会全体にはおびただしい好機をもたらすが、個人や地域には危機をもたらしており、現代のもっとも根本的な問題の一つとなっている」と警告した(CEC, 1996a, 28)。

欧州委員会の懸念は、一つには日本やアメリカと比べて立ち後れているという感覚が強くあることから生まれ、また一つには危機を語ることが加盟国にヨーロッパ政策を支持するように説得する恰好の方法であるという、日和見主義的な認識から生まれたものであった。しかしながら同時に、情報通信テクノロジーの影響について、肉体労働だけでなく、一部のホワイトカラー的、専門的職種をも駆逐するのではないかという内部の心配もあった。一九九六年に、欧州委員会の作業グループが、新しい情報通信テクノロジーの導入は「多くの国で職業不安の伝統的なゾーンを中流階級にまで広げている」と指摘した(Information Society Forum, 1996, 19)。またもや論理的帰結は明快であった。

変化のペースが非常に速くなっているので、「情報社会」が「生涯学習社会」になれば、人びとにできるのはただ適応することだけである。競争力のある経済的優位を確立し維持するためには、どこであれ職場の変わりゆくニーズを満たすためにスキルと才能をたえず形成し直さなければならない

(Information Society Forum, 1996, 2)。

またもや、この命題はひじょうに広く受け入れられていて、今やほとんど常識と化している。

生涯学習の伝統的な言説を特徴づける第三の因子はグローバリゼーションである。グローバリゼーションは概して経済的なプロセスとみなされ、これまでの通説的なとらえ方は、国境を越えて展開する企業の拡張と激化するグローバルな競争が対になったプロセスであり、そのプロセスのなかでは世界の貿易および工業生産活動がますます密接で一体なものに織りなされている、というものであった。一九九五年に世界銀行は多国籍企業の国外傘下企業の総売り上げが全世界の輸入の総額を上回ったと推計した(World Bank, 1995)。ビンセント・ケーブルのまとめによれば、このことは、国境を越えて、国民国家の力の弱まりという形での重要な政治的帰結をもたらす、「経済的統合」とみなすことができる。もっとも、さらに精査してみると、これはいくぶん粗っぽく近視眼的なとらえ方であることがわかるのだが。

中心的なグローバル化の傾向は重要な経済的力を含んでいるが、そうした力のインパクトを過大視しないことが重要である。リンダ・ワイスは長期的な指標をひとわたり分析して、世界経済が一九世紀や二〇世紀初頭と比べて統合性の度合いを弱めていることを示した(Weiss, 1997)。さらに言えば、グローバリゼーションの局面としばしばみなされる現象の多くは、市場の規制緩和をねらいとする周到な政策の結果である。たぶん、アンソニー・ギデンスが完全に巣立ったグローバリゼーションよりもむしろグローバル化傾向について語ることに従う方がよいかもしれない。しかし、よりバランスのとれた見方を模索してみると、政府（と選挙民）は一連の国家的選択肢のなかからの選択にかかわる企業本部での意思決定の結果として、真っ向からの挑戦に出会うかもしれないと心得ておくことは重要である。二〇〇〇年当初に、ＢＭＷが不幸にもローバーグループの所有者から離脱したことは、バーミンガムで広範囲に及ぶ怒りを呼び起こした。けれども、同じく示唆的なことは、その一年前に、日産が規模縮小戦略を大がかりな雇用の削減に集中するという決定をサンダーランドやメキシコの操業だけでなく、日本でも下したことであった。二つのケースとも、関係する両国の政府は対応が相対的に無力にみえた。

しかし、グローバリゼーションはたんなる経済的なプロセスではない。グローバリゼーションについての通説的な見方には、経済的領域について過大に論じ、社会・文化的領域におけるグローバル化傾向の力を過小に論じるという危険性がある。アンソニー・ギデンズは日常生活の大きな区域を、不均等にもせよ変えるうえで瞬時のグローバル・コミュニケーションや大量輸送が果たす役割を強調している（Giddens, 1994, 4）。アイルランドを出自とする人々の世界規模に広がるコミュニティのような、グローバルな離散（ディアスポラ）が放送やポピュラー音楽やインターネットや格安航空便に後押しされて出現している。グローバルな離散はとりわけ人種的構築物（この例では「ケルト人」）として提示されやすい。しかしながら、それらは実際に文化的用語で定義され（そして自己定義され）ている（ケルト主義自体のような近代的概念から、たとえば

「リバーダンス」のような商業的産物にいたるまで)。情報テクノロジーは、たとえば系統図的なウェブサイトによって、こうした文化を基盤としたネットワーク構築を支援するうえで重要な役割を果たしてきた。

好みや習慣、信条はいずれもその土着的な場を追い立てられ、グローバルな大衆の目にさらされる。ところが等しく、ギデンスが言うところの「好み、習慣、信念の共同体」は特定の場や国民国家の境界からさえ引き離される。そして、こうしたプロセスに照らして地方的な文脈を再検討し、おそらく擁護したり改めたりしなければならないのだ(Giddens, 1994, 81)。こう言ったからといって世界がより同質的な場所となりつつあると主張している(たぶん実際にはそうなっているのだろうが)のではない。むしろ、あるレベルでは、グローバル化傾向に呼応して、そしてまたその一環として、さまざまな文化的・社会的パターンが活発に再編成されているようだ。

グローバル化傾向は生涯学習に対する関心をも活発に増大させている。第一に、生涯学習はグローバルな競争相手に対する防御であると広く考えられている。ある指導的なマネジメント理論家は一九九四年に次のように予測した。

> 第一世界のスキルをもたない暮らしは、活用すべき天然資源、資本、テクノロジー、補充的な熟練労働者がより多く存在するという優位性を利用しないままに、第三世界のスキルをもたない暮らしと頭と頭をつきあわせて競合せざるを得ないようになってきている。今後の経済において競争的優位性を持続

させる源泉がただ一つある。それがスキルである。それ以外のものはすべて誰もが多かれ少なかれ平等にアクセスして利用可能である(Thurow, 1994, 51-2)。

あまりおやっと思わせるような言い方でないにしても、ヨーロッパ大学学長協会と西ヨーロッパの大ビジネスフォーラムとの合同の報告書でよく似た分析が簡潔に述べられている。

グローバリゼーションはたいして価値を付加しない多くの労働が、より貧しくて(労働力の)安い国々へと輸出されることを意味する。長い目で見て、豊かな国が豊かさを維持する唯一の方法はより生産的な人々をもつことである。これはすなわち、往々にして人々の教育程度が高いということなのだが(Cochinaux and de Woot, 1995, 22)。

第二に、生涯学習はグローバリゼーションを包含する手段として説明されてきた。グローバルな市民になるためには新しいスキル(言語的、対人関係的、文化的)と態度を獲得しなければならない(Wilterlink, 1993)。

実際には、これはみかけほど説得力のある解決策ではないかもしれない。これは、他の地域の国々は類似の戦略に賛成しないと考える。しかし、アジアの多くの諸国・地域での教育達成における成長と発展のペースは、豊富な石炭埋蔵量がそうでないのと同様に、スキルももはや競争的優位を持続させる源泉ではなくなっていることを暗に示している。なるほど、資本、不熟練労働、多種多様な原料は今ではどこにでもありふれたものとなっているが、同じことは高度熟練労働についてもますますあてはまるようになっている。知識はつねに足取りの軽やかなものであったが、情報革命は明示的で編集された知識がほとんど他のどんな必需品よりも容易に、しかも速やかに普及しうるものだ、ということを意味している。情報移動はグローバル化傾向のぎりぎりの縁に立たされている。しかし、このことは知識経済、情報革命、遠大なグローバリゼーションの、眼に見える脅威や好機に対する解決策としての、生涯学習の政策的魅力を（いまだ）減じるものとはなっていない。

政策——行方不明、推定死亡？

一般的な公約のレベルでは、生涯学習の政策的支持は広く行き渡っている。政策形成と実行に目を向ければ、状況ははるかにパッチワーク的になる。この分野では、好意的な政策的風土が、逆説的なことに、特定の政策的措置の点から新しかったり、革新的であったりする多くのものを生み出すことに失敗してきた。さらに言えば、政策形成が提供可能な措置へと進化するかぎり、そうした政策形成はほとんどどこでも単一の領域、すなわち労働力のスキルとフレキシビリティを高めることを意図して行われる介入に焦点を合わせてきた。

最初のパラドックスは、政策レトリックとリソース提供体制との間に大きなギャップがあることである。まるで驚いたかのように、このことをとくに取り上げて執筆した人たちが数人いる。イギリスの評論家たちはこれはいささか局地的な困難だと考える傾向がある。サッチャーは公的支出の削減で有名になったし、ニューレーバー（New Labour）は保守党の支出制限に寄り添うことで有名になった。他の国では事態はきっとよりましであるに違いないと言えるのか。いや、そうとは言えない。生涯学習がもつ革命的な意味をはっきりと悟って、各国政府は——後でもっと詳しく論じる日本を除いて——ほとんど何もしていない。さらに言えば、すでにみてきたように、一九七〇年代初頭の生涯教育に関する初期の論争の後にも、これとよく似た政策行動がみられた。だから一九九〇年代の論争の後に同じことが起きてもまったく驚くべきことではない。

ただちに政策的方向性が打ち出されないということは実に印象的なことである（Rubenson, 1999）。ユネスコのための国際政策調査のなかで、ウルスラ・ギーレとミッシェ・ピエトは次のように結論づけた。

> 世界のどこでも、声明によって、成人教育にはすべての者のための教育に積極的に貢献する魔力があるとして、成人教育は二一世紀に人類が存続するための鍵であることがはっきりと認識されてきた。しかも、世界のほぼ全域において成人教育ははなはだしく無視され、公けの教育場面の弱々しい一角にとどまっている（Giere and Piet, 1997, 3–4）。

援助政策のより広い文脈において、ヨーゼフ・ミューラーは、グローバルな貧困の軽減に対する注意が喚起され、またユネスコや世界銀行といった団体による社会的支援に力点が置かれていることを考えると、「教育に対する援助の増大を期待することができる。しかしながら、実際にはそうはならない」と論評している（Müller, 1997, 37）。むしろ、彼は教育に対する援助が近年低下していることを示唆している。そして、ＯＥＣＤの専門家チームが、一九八〇年代末と九〇年代初めに行われたいくつかの教育政策全国調査の一つにおいて、「生涯学習の理想とセカンドチャンスの教育の重要性について多くのことが語られた……が、他のほぼすべての国々の場合と同様に、それを現実化する集中的な努力が行われた証拠はない」と結論づけた（OECD, 1991, 33）。まるで、諸国政府はただならぬ政策的難題に直面していることに気づきながら、特定の措置を考え出す段になると、言葉を言い換えたり、ポーズをとったりするだけに終わったかのようである。

何らかの措置が講じられた場合にさえ、その措置が労働関連の教育・訓練にほぼもっぱら集中する傾向をもっていたことを指摘した国々もある。またもや日本は例外である。ほかの国々では、政策立案者は、少なくとも公共政策に対するアプローチにおいては親密な関係や文化的変化などよりもむしろ、マイクロプロセッサに集中するきらいがあった。たとえば、ユネスコ教育研究所の所長は、一方における「より活発で情報が豊かで有能な市民を必要とする多くの活動領域」と、他方における現代の継続教育政策提案を支配する「経済的要素」との間の不均衡について警告を発していた（Belanger, 1999, 187）。

公共領域では多くのことが約束されたが、措置のほとんどは個々の担い手や企業によって私的領域において行われてきた。公共政策においてみられた達成は主として職業の領域の範囲内におさまるものであった。非常に多くの人々が主張するように、これはたんに政治的によくない信念や政治的意志の欠如の結果であったのか（たとえば、Baptiste, 1999, 95; Boshier, 1998, 9; Collins, 1998, 45; West, 1998, 555）。

ある思想の学派は、こうした政策的無菌化は生涯学習概念に本来的に内在したものであるという。たとえば、ベルント・グスタフソンは、この用語自体は「ビジョンとして用いられる」が、それがどうすれば実践に転換されうるのかについて手がかりを与えず、「中身がからっぽ」になりがちだと示唆している（Gustavsson, 1995, 92）。実際のところ、この問題それ自体の本質にむずかしい点がある。より多くの人々の間により多くの学習を生み出すのは政府ではなく、市民である。これは市民に行動するように求める問題である。政府にとってはこのことが明らかな困難をもたらす。政府はものごとを直接に行うよりもむしろ、市民が自分たちのやり方を変えるように説得することが求められる。生涯学習はとうていそうした問題の唯一のものではない。公衆衛生、環境行動、人種的寛容、犯罪対策などを含む他の多くの問題が市民社会によって次々と出されてくる。そして、サービス提供や立法措置からガイダンスや市民的行動の舵取りへと移行するプロセスにおいて、政府は自分の活動のやり方を変えなければならなくなっている。

生涯学習は、個人と雇い主と国家の間の責任の新たなバランスが成立する政策諸領域の一つである。もちろん、学校教育や従来型の高等教育とは違って、成人学習が完全にはおろか主要にも公共の責任となったためしはない。ほかのことはさておき、もっとも重要な提供者の多くは常に非政府団体であった。すなわち、近代の成人教育システムは主として、スウェーデンの禁酒運動やイギリスの労働組合のように、その時代の状況に異議申し立てをすることを一つの目的としてつくられた、一九世紀の社会運動を受け継いだものである。同様に、費用の多くは常に個人または雇い主によって支払われてきた。すなわち、人々の寄付金はいつも比較的少なかったのである。しかし、たとえ成人教育・訓練が広くシンデレラ的サービスだとみなされても、一九五〇年代には一九世紀末と二〇世紀半ばの社会的セツルメントによって打ち立てられた公的施策部門の一部として認められた。成人学習というシンデレラには、支出レベルになたをふるう試みはたびたびあったものの、単一の劇的な一撃がまだ加えられていないけれど、その地位は着実で安定的に強大なものに変化していった。成人学習はもはや公的セクターのシンデレラではなくなり、今では非常に多くの人たちから求婚されて、比喩を続けて言えば、おそらくいささか浮気っぽくなってしまったのである。

訓練は今や当然にも一大産業となっている。アメリカ合衆国では訓練市場は現在、年間六〇〇億円規模だと言われている。こうした成長は公的セクターのサービスとはほとんど関係なく起きたという一面をもつ。すなわち、企業のサービス提供者の多くが当然のことながら強力な担い手なのである。たとえば、モトローラ社は従業員に適切とみなされるさまざまなレベルで運営される独自の「大学」をもっている。一九九八年にはモトローラ大学校はおよそ一〇〇〇人のスタッフがいて、四九カ国にセンターがあり、二四の言語で授業が提供されていると言われた。モトローラ大学校のウィリアム・ウィッゲンホーン学長はスタッフの約一〇パーセントが既存の大学出身であるが、一般的な傾向として既存の大学出身の講師は「退屈すぎて」学生を引きつけられないうえに、会社が求めることよりもむしろ自分自身のことをしたがると言った（EUCEN *News*, June, 1999, 9）。しかし、こうした爆発は公的セクターでも変化をもたらした。より伝統的な大学では、重い授業料負担が学生やその雇い主に課せられているにもかかわらず、MBA（経営管理修士）の需要が一九五〇年代以降、容赦なく増大し続けている。さらに言えば、市場は飽和状態だという警告がたえず発せられているにもかかわらず、この需要主導型の成長は個人と雇い主の双方の間で起こってきたのである。もっと小規模ではあるが、個人からの、他の形態の成人学習の需要でもよく似た成長がみられた。イギリスで政府が大学の学士課程学生に授業料の導入を検討していたとき、しばしば指摘されたことだが、オープン・ユニバーシティの成人学生は自分の学習のために常に私費でお金を払ってきたのである。授業料私費負担制度が確立した一九九九年には、労働党の高等教育担当相は大学に、学生を「顧客」として扱うようにと促していた（*Times Higher Education Supplement*, 1 October 1999）。

もし学習がビジネスであるならば、政府自体絶えず変化している。反省的な世界では、全権全能の国家という考え方は政治家にとっても官僚にとっても市民にとっても魅力的なものではない。

それは近代国家の装置に金がかかりすぎるからばかりではない。もっとも、この点は財政的保守派からしばしば向けられる非難の的ではあるのだが。クリントン政権の最初の四年間、労働省長官を務めたロバート・ライシュはこの領域での政策の失敗を、国家財政の警告とビジネスのロビー活動との結合のせいだと指摘した。ライシュの閣僚たちは彼が提案した人的資本税借款と若年失業者のための職業訓練プログラムに賛成せず、企業アメリカに対する補助金と組み合わさった公的赤字削減策を選んだ(Reich, 1997)。しかし、この部内者の見方は国家財政と連邦準備金がマクロ経済政策を決定するうえでもつ力と影響についてきわめて重大な洞察を示すものであるが、物語全体のほんの一部を語るに過ぎない。公的支出のレベルが高いことは西洋世界のポスト欠乏社会においては比較的小さな問題である。財政的保守主義の原理をもっとも精力的に擁護する政府は、レーガンやサッチャー政権のように、結局は支出額も従来と変わらないようになったことは注目に値する(Castells, 1989, 28)。

国家の給付という原理は近年二つの緩やかな動向と衝突するようになっている。第一に、国が提供するベネフィットを補ったり選んだりすることのできる人が増えている。住宅、年金、保健や教育の領域でさえ、自分のニーズを自分でまかなった(と考えている)人たちは、自分の金を他のところに使うことを選んだ(と映る)市民に自分が払った税金が使われるとなると、まずうれしくないものである。第二に、幅広い人々を対象とする直接的な国家給付は学習と革新のための社会の能力に対し、意図的ではない官僚的な障害物となりうる。キャステルズが言ったように、このトリックは「複雑な社会を窒息させずにかじ取りすることができる」ということである(Castells, 1989, 18)。

一九八〇年代には、多くの欧米の政府が新しい形態のガバナンスを実験した。そうした政府は、私企業セクターのマネジメントの導入を目指して、私化(privatisation)、市場テスト、購買者・提供者分割、分かれる活動の解体、顧客への接近などを試行した。同時に、公的セクターにとどまった業務に対しても、パブリック・マネジメントの新しい方法が開発された。たとえば、手動の(hands-on)プロフェッショナル・マネジメント、分権化、サービスレベル・スタンダード、目標準拠財政措置、などである。たんにサービスを提供するためだけでなく、触媒的な働きをするパートナーシップによって民間任意セクターとかかわるためにも努力が払われた。最後に、しかも新世紀へと続いて、一国主義を超えたもの、いわゆる「連携(joined-up)政府」アプローチ、すなわち一貫性あるネットワークとして機能するために、政府(と企業の意思決定)の異なる部門をいくつかの異なるレベルで一カ所に集めるという第一の任務があった。

総合的に考えると、公的セクターのこの転換は「より小さな政府」(漕ぐ力をより小さく)で「より大きなガバナンス」(かじ取りをより大きく)を意味するものである(Rhodes, 1996, 655)。それはまた、政策や構造を効果のあるものとそうでないものとを、証拠に即して修正することができ、したがって知識リソースを有効に使いこなす能力のある「学習政府」をも意味する(Social Exclusion Unit, 2000)。しかも、このプロセスは国が異なり、時期が異なれば、異なったかたちをとってきたし（たとえば、イギリスでは一九八〇年代には私化により大きな強調点があり、一九九七年の政権交代の後は社会的パートナーシップがより大きな関心事となっている）、類似の一般的な動向は広汎な国々においてみられた。

しかしながら、ニュー・パブリック・マネジメントに問題がないわけではない。契約文化へと向かう動きが強まるなかで、政府が公的支出に対するアカウンタビリティの確立を目指すようになるとともに、任意団体は一連の統制メカニズムに直面するようになっている。すなわち、「公認提供者」の確認と政府により認定された質的基準の設定がより大事なこととして強調されている。パートナーシップということばの採用によって、政策立案者は明らかにこの変化をもっと心地よいものにしたいと願っている。さらに言えば、民間任意セクターが政府とビジネスの後じんを拝する気の毒な第三者となるために、パートナーシップの言説はしばしば、いわゆるパートナー同士の間にある深刻な不平等を覆い隠すのである（Geddes, 1997）。契約を求めて任意団体はお互いに（そして私企業セクターとも）競争しあう関係となり、このことがボランタリー・セクターのなかでの関係の安定をこわすとともに任意団体と地方政府の間のかつての調和的な関係をも不安定にしている（Commision on the Future of the Voluntary Sector）。イギリスの訓練・事業委員会が、既存の赤字を克服する方向へと訓練システムを向かわせることに失敗したことにみられるように、市場と競争の言葉は有効なネットワーク構築のために必要な信頼、相互依存、安定の間に緊張をはらんでいる（Rhodes, 1996, 664）。最後に、このアプローチの全体が世論の拒絶に遭うという危険にさらされている。政府が「もはやものごとにお金を使わず、人々の振る舞いに指図をする」べきだと考えているという理由から、ラルフ・ダーレンドルフは「第三の道」的社会民主主義を笑いものにした (Dahrendorf, 1999, 27)。このことはパートナーシップに対する長期のコミットメントを意味する。ところが、たいていの政治的圧力は比較的短期的なものなのだ。

そうした欠点にもかかわらず、ニュー・パブリック・マネジメントは生涯学習にとって特別な意義をもつものである。生涯学習はまさしく、古い労働のやり方では十分でないことを政府にわからせた問題である。公衆衛生や環境保護、事業促進といった他の多くの政策領域においてと同様に、政府だけで提供可能なものはほとんどない。あるドイツの政策アドバイザーによれば、よりオープンな学習ネットワーク社会への参加が求めるのは、次のことである。

> 学習者自身が学習プロセスを選び、組み合わせなければならず、自分に特有のニーズを満たすように、利用可能な学習ルートの間の適切なバランスをとらなければならないということである。言い換えれば、学習者は自分の学習を取り仕切る、主な責任をもつのである (Dohmen, 1996, 35)。

個人の行動と態度がこの新しいアプローチの核心となっている。しかも、自主性と自立の価値が深く私たちの文化のなかに組み込まれる時点でこうなのである。生涯学習がこうした価値と整合性をもつ限りにおいて、個人が積極的に応えることも起こりうる。同じように、生涯学習が不協和の経験として知覚される場合には、個人が根本的な懐疑心を抱いて応えることも起こりうるのだ。この一つの例は「柔らかい」目標の問題である。政府はビジョンを明確にし、人々の文化や価値を変えるように目指すことによって人々を味方につけなければならない。しかも、収入レベルや資格の種類とは違って、これらのことは容易に測れない。一六歳以後の教育訓練に関する白書のなかで、イギリスのニューレーバーは「学習時代の我々のビジョンは学習と抱負の新しい文化を築くことである」と宣言した（DfEE, 1999b, 13）。政権に就いてからの二年半の間に、政府は「不十分な需要」を中心的な問題としてとくに取り上げ、「需要のかさ上げ」を主要な目標として確定したのである（DfEE, 1999b, 55–6）。政府はこの目標を念頭において、職業訓練のための税優遇制度や個人学習口座の全国的システムの創設や、全国電話相談ライン（Learning Direct）の立ち上げや、産業大学（UfI）の当初計画に主要な推進機能を盛り込んだことなどを含む、数多くの改革を計画していた。しかし、これらのすべては、社会の文化を変えるというよりもむしろ個人の需要を刺激するように計画されている。対照的に、成人・地域学習基金（ACLF）や組合学習基金（Union Learning Fund）といった主導団体は、一つには、結果が金に見合うだけの価値をもっているかどうかを明確にすることのむずかしさに政府が直面していたために、金額は比較的少なかった。文化の変化はもとより安易な量的測定を受け付けないので、これが政府資金の効率的な投入であるのかどうかを財務担当省庁が判定することは不可能である。柔らかい目標もまた政府を、金を捨てているという非難の矢面に立たせている。そのように言うことは不快なことだが、コミュニティ開発プロジェクトは時折、不正や乱用の犠牲となる傾向がある（たとえば、北アイルランド会計検査院 1995, 1996をみよ）。しかし、合意され標準化された結果の測定法がないために、唯一のオルタナティブは政策が育成しようと企てた変化のプロセスを抑えつけるような、制限の強い厳格な規則であるようにみえる。

それゆえ、もとより生涯学習は政府にとってむずかしい領域である。たぶん、元からあるこうした障壁は、全般的な政策が革新的な措置に滅多につながらないのはどうしてなのかを説明するのに役立つ。それはまた、政府が何らかの手だてを講じるときに、職業訓練の領域に限定するのはどうしてなのかをも説明してくれるかもしれない。第一に、この領域がかなりの正当性をもっており、したがって政治的な意味において「安全だ」からである。とりわけ失業者のための訓練という点について言えば、直接介入をする領域として確立してから久しい。すなわち、それは富の創造や生活水準と結びついている。そしてまた、国家の訓練補助金がふつうは企業経営者からも歓迎される。第二に、それは規制を受けないタイプの介入のための比較的容易な分野の代表格である。実施と提供の責任の多くは比較的地位の低い、地方の担い手（継続教育カレッジ、雇用局など）に委ねられている。財政的優遇措置によってパートナーを味方に引き入れることができる。そして（見つかった職、獲得した資格、訓練を受けた人々などの）厳しい短期的な達成目標の見通しが存在する。第三に、財務担当省庁はふつうこういったタイプの公的支出には好意的である。世界銀行のウェブサイトを一目見れば確かめられることなのだが、世界中の財務担当省庁は人的資源計画に対しては人的資本アプローチがよいという考えを共通にもっている（http://www.worldbank.org）。投資と見返りは社会資本や文化の変化、市民性といった、新しく、漠としてつかみ所のない領域にはおよそ不可能と思えるようなやり方で評価される。職業訓練は政府が何らかの行動を起こす必要を感じる領域である。ここでさえ、政府は比較的馴染みがあり無難な措置を選ぶのである。

しかし、これがすべてではない。生涯学習の一般的政策の旗は政府が心地よさを感じるようにみえる、第二の行動領域、すなわち初期教育を覆い隠す。たとえば、イギリスでは、二カ年の職業プログラムを受けた後の新しいタイプの若い学生を引き入れることをねらいとした、初期高等教育の実質的な拡充を始めるのにニューレーバー政府の生涯学習に関する緑書が用いられた（DfEE, 1998a）。オランダでは、生涯学習に関するいわゆる「新しい」公的支出が義務教育開始年齢の四歳への引き下げや、中等学校中退者に対するガイダンスとカウンセリングの用意や、教員の現職教育といった措置に当てられた（Ministry of Culture, Education and Science, 1998）。

このパターンはほぼ普遍的であると思われる。一九八〇年代半ば以降、かなりの活動の記録がある日本だけが例外であるようだ（Trivellato, 1996; Thomas, Takamichi and Shuichi, 1997）。一つにはユネスコの生涯学習という概念に関する一連の報告書（Faure, 1972）に応えるかたちで、日本政府は文部省の社会教育局を再編成して、生涯学習局という名称にし、予算も増やして政府内での地位をも高めた。一九九〇年に、日本政府は「生涯学習の振興のための施策の推進体制等の整備に関する法律」を制定した。これに続いて生涯学習のための諮問機関が創設され、そこから大学、学校、地方行政当局、その他の団体が採用すべき方策の勧告が出された。それにより、とりわけ、地方・地域レベルでかなりの活動が行われるようになった。さらに、新しい動きの多くは継続的な職業教育・訓練をもっぱら、あるいは第一義的にも目指すものではなく、個人の生涯学習を促進することを目指すものである。

日本ははたしてモデルなのだろうか。たしかに、新しい政策的措置には包括的で幅広さをもつという特徴がある。ニュー・テクノロジーの入門的学習とともに生け花教室が開かれ、従業員や職を探している人と同様に高齢者たちが少なくとも中心となっている。しかしながら、日本の例外性を過大に評価することは正しくない。第一に、こうした制度や活動はある程度、日本では社会教育として知られ、英語圏ではリベラルな成人教育とでも呼べるような、それなりの歴史をもつ教育類型の名前を変えたものだという一面をもっている。社会教育のレベル、地位、財政支出、活動範囲はいずれも増大したが（多くの欧米諸国が相当するプログラムの予算カットを計画していた時期にもかかわらず）、既存の実践を根本的に変えるような新しい出発がみられたわけではない。第二に、政府には経済的重要性のために選ばれたいくつかの優先事項があった。こうした優先事項として第一にあげられるのは、生涯にわたる職業とともに生涯にわたる学習を企業経営者が与えてくれるのをあてにするよりもむしろ、個人が自分自身の向上にますます責任を負うような文化的風土を生み出したいという願望である。第二に、日本の政治家は、労働力に創造性が欠如しているとよく言われることにとりわけ注目して、競争をめぐる危機についての自分たちの言説を明確にしようとしていた。すなわちかれらは、初期教育システムの改革がむずかしいとわかると、今度は生涯学習を後から創造性を増進する機会とみなしはじめたのである。第三に、新しいシステムがニュー・テクノロジーの応用によって社会教育を現代化する機会を用意し、その結果、カリキュラムの一部としてだけでなく、成人が地域の学習センター（公民館）や学校や大学を通してアクセス可能な、きわめて精巧につくられたオンライン情報・相談システムの開発によっても、より広範囲の人々（とくに高齢者）をコンピュータ利用やインターネットのメリットに馴染めるようにした。それと並行して、強い権限をもつ通産省が一九九〇年に日本産業の発展を促進するために独自の生涯学習部局を創設した。こうした動きのどれをとっても日本の生涯学習制度やその帰結がもつ重要性を無視するものではなく、他の諸国での発展とのいくつかの重要な類似点を強調するものである。さもなければ、生涯学習は政策的怠慢よりもむしろ、不確実性、計測不能性、リスクに直面して妨害に苦しむのだ。

グローバルな論題

グローバリゼーションもまた国民国家の行動と力の両方を変えるのに役立った。生涯学習は、公的セクターの改革のように、国家を超えておよそよく似たかたちをしている。政府同士がお互いから「学ぶ」とともに、通常は選択的でかならずしもうまくいっているわけではないが、ある状況から別の状況へと効果的な政策を移行させることを目指すという理由から、グローバリゼーションは国民国家を強めるのに役立ったと思われる。生涯学習はこのプロセスのよい実例である。すなわち、言語および特定の政策的措置が一連の国家によって採用されてきた。

しかし、グローバリゼーションは国家主権の範囲を狭める可能性をもっている。資本が実際に地球上を、有史以来もっともスムーズに移動するかどうかは議論の余地ある問題である（Beck, 1997）。政策の視座からみれば、大事なことは、政治指導者が資本は今や比較的自由気ままな動きができるし、とりわけ多国籍企業がコスト低減と生産性の向上を目指して資源と投資を国から国へと移すことができる、と考えているようにみえることである。たしかに資本の気まぐれさは生涯学習の採用のためのもっとも頻繁に用いられる弁明の一つとなっている。この展開は私たちがみてきたように国際機関の政策団体の場合にもっとも速かった。しかも、ＯＥＣＤやユネスコのようなシンクタンクや審議フォーラムだけではなく、欧州委員会のような現実的政策に噛《か》んでいる意思決定団体の場合に、である。

さまざまな方法で、グローバル化傾向は生涯学習問題を中心に、ある程度の収斂を促進しているようにみえる。収斂の程度はとうてい全体に及ぶものではないので、これはいくぶん表面的な分析なのかもしれないが。テーマのなかには、積極的労働市場政策の広汎な採用といった一般的なテーマもある。イギリス政府による失業者訓練のニューディール・プログラムはこうした動向のよい一例である。失業との闘いにおいて積極的労働市場政策を採用するように、欧州委員会が一九九〇年代初頭以降繰り返し呼びかけてきたことからもわかるように、みたところ、北アメリカの類似のプログラムの影響を受けて（Gardiner, 1997）、ニューディール自体もまたＥＵに広がるより広い思考を反映している（CEC, 1994；CEC, 1998a；CEC, 1999）。これはポスト欠乏世界の福祉国家の未来に関する、ヨーロッパをおおった初期の論争にその起源をたどることができる。しかし、そこでは諸国政府もまた労働に対する需要を刺激する自らの能力をほとんど信じず、労働の供給と適応性、移動可能性を高める政策に引き寄せられた（Rosanvallon, 1995）。

したがって、グローバル化傾向は国民国家の力を強める可能性と弱める可能性がともにある。それぞれの国民国家は、ＥＵの場合のように、いくつかの国家がグローバルな舞台で共同の力を最大化するために個々の国家の主権に制限を加えることに同意したような地域でさえ、その主権が完全に守られていることを国民に知らせるうえで既得権益をもっているので、このことを実例で示すことは時にはむずかしいのである。それゆえ、イギリス政府の情報当局の判断によると、ニューディールはＥＵとは何の関係もなかった。反対に、ヨーロッパに影響を与え、ヨーロッパをリードしているのはイギリスであった。公式の報道発表は、社会問題担当相の審議会によるヨーロッパの「ニューディール」として、積極的労働市場政策の採用に賛同する共通の立場を歓迎した。その合意をイギリスの議長体制の下で仕事、スキル、雇用価値をヨーロッパの核心的な問題とすることによって、議題を入れ替えた社会問題審議会の成功のしるしであるとする教育雇用相の言葉を引き合いに出して（DfEE Release, 4 June, 1998）。実際には、この合意は一九九六年のドイツの議長時代に始まっており、一九九七年のオランダ議長体制の下で終わった。「古い議題」のほとんどはイギリス労働党がまだ野党であった時期に取り替えられた。さらに、労働党政府はいったん政権の座に就くと、ニューディールに貸し付けるために欧州構造基金に深く依存した。強力なグローバル化傾向の時期にあっては、主権の問題は複雑なものであり、中心的な当事者自体の言明は相当に割引いて聞かなければならない。

しかし、生涯学習がグローバルな論題の一部であると考えられることには別の見方がある。ジョージ・オーウェルはかつて、たとえデーリーメール（大衆的夕刊紙）が本当だと言っても本当でありうることがらがあると言った。政策のレトリックに関して私は懐疑主義的なので、私ならある点ではその合意にまったく同意すると言うであろう。人間の創造性や発明の才能は更新可能な資源である。経済活動と政治的意思決定のグローバリゼーションは新しく、しかも挑戦的な一連のグローバルな無秩序をつくり出すことに手を貸してきた。人間の意志を離れた人口動態や民族間対立、国際援助や、被害を受けやすい人々と国家に対する支援の失敗、そして何よりも環境の悪化や資源の枯渇といった困難は、すべて国境を超えた対応を求めている。そうした問題はとりわけ生涯学習と関係しているのだろうか。私はそのとおりだと思う。それらのすべてが異なるかたちにせよ重要な学習での挑戦の表れだからという理由で。環境問題とその解決策はよい例である。というのは、これは個々の市民の態度や行動とは独立した答えを政府がもっていない分野だからである。また、専門家は原因についても答えについてもとかく一致しないものなので、専門家の知識から既成の解決策を採用することもできない。知識経済と反省的個人主義は問題と解決策との中心にある。生涯学習があらゆる分野のなかのほかならぬこの点において役割を果たさないのであれば、そんなものは忘れてしまった方がましである。

生涯学習が消えることはない。伝統の絆を緩めるうえで流行や目新しさが果たす重要な役割について考えてみるにつけ、私は自信をもってこの語が変わればよいと願っている。しかし、この語を別の語に置き換えてみても、このラベルを与えられた関心と挑戦の、異質なものが集まった束はひじょうに深く現代の経済的傾向、社会的プロセス、文化的パターンに根ざしているので、それらが消えるという見通しはない。しかし、すでにみてきたように、法的・行政的決断の見込みはごくわずかである。まさしく、生涯学習には分裂と拡散に向かう傾向がみられるので、パートナーシップ、下請け、職場への権限委譲といったガバナンスのオルタナティブ・モデルを模索することにおいてさえ、意図した帰結とともに意図しない帰結が生まれる可能性がある。第二章では、いくつかの異なる場面において、すなわち個人、家族、コミュニティの間で、職場で、富める者と貧しい者、力のある者と力のない者、包摂されている者と排除されている者の間の関係において、こうした生き生きとして拡散した革命的な事項が私たちの生活を形づくっている実情について検討する。これらの領域のそれぞれにおいて、生涯学習は両義的な立場に立っている。すなわち、部分的には解放で、また部分的には強制だが、常に存在し常に影響力をもっているのだ。

第2章　静かな爆発

生涯学習は何故このように広範な関心を呼んだのであろうか。それは政治的ご都合主義の強力な薬を少し加えられた最新の教育的流行に過ぎないのだろうか。それとも、生涯学習にはなにがしかの現実の実体があるのだろうか。これらの疑問に対するもっともらしい答えがいくつかあるし、答えのほとんどは現実に少なくとも何らかの根拠をもっている。生涯学習は展開の急激な世界市場での競争のための、実行可能な戦略を表しているので決定的に重要であるとか、生涯学習は社会的不平等との取り組みの現実主義的手段を表していると政策立案者は言いがちである(Fryer, 1998)。もっと皮肉っぽい見方をする情報通の観察者は、成人教育の担当者が、それによって自分の地位を向上させようとした最新の方法であると生涯学習をみなしているか(Gustavsson, 1995, 90)、さもなければ、政府が財政と計画の責任を国家から学習者自身へと移そうとする、最新の方法であるとみなしている(Coffield, 1999)。しかし、成人学習の日々の実践を、日常的営み、すなわちはっきりとはほとんど注目しないほどに日常的営みとますますみなすようになっている普通の市民の行動に根本的、根底的な大転換を認めることなく、生涯学習の持続性や魅力を理解することは不可能だと私は思う。

概して、たいていの人々は学習社会に生きている。ほぼすべての市民が「生涯にわたって恒常的に学ぶ主体」(Dumazadier, 1995, 249) となっている。これは避けられない生物学的事実の認識に過ぎないような、生涯学習のもっともゆるやかな意味においてではない。すなわち、私たちはいかなる思想をもそこに付け加えることなく、呼吸するように常に学んでいるのだ。このことは容易に瑣末な観察、すなわち現実の行動に対する余興となりうる。目を見張るべきことに、生涯にわたる意図的、反省的学習の猛烈な爆発が生じている。一八歳や二一歳になるまでにあたかも知る必要のあることのほぼすべてを知っており、将来大きく変化する見込みがないかのように振舞う人はいない。むしろ、私たちは未開拓の潜在能力をもっているかのように、ただならぬ変容を遂げる力があるかのように、私たちが欲したり必要と感じたりしたときにそれに応じて新しいスキルを入手することができるし、また入手すべきであるかのように振る舞うのだ。

静かな爆発：学習社会の衝撃

学習社会の概念それ自体が近年広く議論されてきた。スウェーデンの公務員で学者でもあるトルステン・フセーンが、学習社会という標題をつけて一連の論文集を出版した一九七〇年代から、ずっとこの言葉は定着している (Husen, 1974)。この一連の論文のなかで、フセーンは学校がもはやかつてのような影響力のある組織体ではなくなったと主張した。より広い世界についての新しい情報を主として教師から受け取るよりもむしろ、学校の児童生徒たちは雑誌や映画、テレビ、外国旅行から引きだされる広範囲の知識に接することができる。フセーンはこうした変化に対応するにあたって、学校は若い人々に学び方を教えるという主要な任務に集中しなければならないと論じた。この語は一九九〇年代の半ばに、一つには経済社会調査委員会による、「学習社会」という包括的なラベルのもとで研究プログラムを開始するという、一九九四年の決定の結果として復活した(Field and Schuller, 1999)。しかし、この時には学習社会という言葉は政治的近代化の、より広い言説の一部として広く採用されていた。学習社会は一九九七年にイギリスで誕生間もない労働党政府の考えだけでなく(Fryer, 1998)、教育・訓練に関する欧州委員会の一九九五年白書で焦点化された(CEC, 1995)。その時点では、この概念はフセーンのもともとの説明を超えており、教育・訓練システムの再編成と近代化のための一連の提案を含むものとなっていた。

通常、こうした提案は未来のための計画として提示されてきた。月並みな言い方をすれば、学習社会の観念は何か遠大な目標を持ち続けるものである。通常それは望ましいが、いまだ達成されていないユートピアとして描かれる。これよりは珍しい見方だが、生涯学習は地獄、すなわち生涯にわたる指導と統制の強制状態とみなされる。いずれにせよ、学習社会は多かれ少なかれ、遠く離れた未来のどこかにある。学者や政策立案者の第一の任務は、構造を設計し、まだ生まれていないユートピアを育てる文化を育むことであり、逆に私たちが差し迫った「失望社会」に抵抗するのをよりよく助けてくれる。両方の見方には何かそれらを誉めるものがみられるし、両方とも等しく間違いである。私の議論は、学習社会はすでに到来しているというものである。私たちは今ここで学習社会に暮らしており、その学習社会はすでにユートピア的見方と失望社会(dystopia)的見方を特徴づける積極的、消極的特徴の両方を示している。

学習社会にはわりに短いながら歴史がある。その核となる考え方は成人の可塑性である。初期学校教育に多大の投資が行われてきたが、未開拓の潜在可能性が例外ではなく、むしろ人々の標準であるという信念が中心となっている。トマス・ハーディの『ジュード』は成人としての大学への入学が珍しかった時期に書かれた(一八九五年に出版された)。ハーディの小説は独学の男がかれの知的能力に関心のない大学によって入学を断られるという事実を取り上げている。もちろん、この時期はイングランドとスコットランドの古い大学が成人聴講生のための課外講座を提供し始めた時期である。小説のなかでは不運なジュードがある時期成人講座に出席する様子が描かれている。しかし、そうした講座は主として補足的なものとみなされていた。初期の精神分析家でさえ成人のパーソナリティは多かれ少なかれ固定しており、幼児期の産物であると考えていた。成人の可塑性を広く認識するようになった(発明した?)のは二〇世紀の最初の二〇年であり、とくに第一次世界大戦後の時期以降である(Field, 1996)。

全面戦争はしばしば世界の天地をひっくり返す。一九一四~一八年の対立の間に、多数の男女がさまざまな新しいスキルを学ぶことが必要となる戦時動員のために移動した。過去の兵士は概して暗記学習によって軍事的スキルを獲得していたが、一九一四~一八年の対立の状況においては新しい方法が求められるようになった。ささやかだが、わかりやすい例をあげれば、女性の軍需工場労働者は伝統的には徒弟制度において、費やされる時間を使って見かけ上は首尾よく、特別な訓練を受けて技能労働についた。イギリスでは大戦の直後、労働省が退役軍人を市民生活に戻すための訓練に取り組んでいた。一九二〇年代の初めまでには、アメリカの戦時局がしたように（このことが政策形成にとって意味をもったにもかかわらず）、労働省が訓練局を設置しただけでなく、主として戦争とその直後の経験に基づいて、成人学習の科学が進化を遂げた。これは変化の一つの分野のみに焦点を合わせるものに過ぎないし、ロシア社会主義革命（社会主義的人間を創造するという目的をもっていた）や市民的諸権利の突然の拡大と比較すると、やはりどちらかといえば限られたものであった。

一九一八年以降、さまざまな新しいスキルや知識を非常にすばやく獲得する成人の能力について重大な疑いをもつことは起こりようもなくなった。後に、顕著には一九六〇年代に、こうした認識（ないしは発明）は着実に広げられて情動とパーソナル・アイデンティティをも含むようになった。しかし、主要な考えはそのときにはしっかりと構築されていた。成人がもつ学習能力は実例で示せるほどに大きい。したがって、学習社会のこのようなかなめ石は一九二〇年代初めにはすでに据えられ、一九五〇年代までにはしっかりと構築されたのである。

しかし、このように言うことは、私たちがすでに学習社会に生きているということと同じだろうか。一見したかぎりでは、こうした示唆は荒唐無稽なようにみえるかもしれない。世界中、成人教育はあいも変わらずなおざりにされた公費支出の領域のままである。大学も継続教育機関も明らかに、自前の非常に限られた条件以外では成人学習者を相手にすることに乗り気でない。快適な欧米諸国においてさえ、成人人口のかなりの部分が機能的非識字の状態にある。たしかにこのことは、私たちが学習社会から程遠いというしるしである。しかも、この言葉が通常用いられるユートピア的な意味で、これは強力な反証である。しかし、私はこの言葉をこんなふうには理解していない。学習社会はかならずしも、快適な場所でも、効率的な場所でも、平等主義的な場所でもない。反対に、学習社会は私たちがこれまでに見てきたよりもずっと根深い不平等すら生み出しかねないし、人間の生産性や創造性に対して、ほとんど何らインパクトをもたない教育形式の創造を意味するかもしれない。生涯学習の主要な特徴はたしかに、そこに暮らす市民の多数が「生涯にわたって学習する主体」となっていることであり、成人学習者としてのかれらの実績が少なくとも部分的にはかれらのライフチャンスを決定することに主として関係しているということである。これらの基準によれば、私たちの学習社会はすでにしっかりと構築されており、今日の難題は学習社会を私たちのニーズによりぴったりと合うように変えるということになる。

生涯にわたって学習する主体

生涯学習をめぐる論争の多くは容易にごまかしへと滑り込んでしまう。では、どんなことが証拠になるのか。それには確実に三つの主要な指標がある。すなわち、成人が組織的学習に生涯にわたって参加していること、ポスト学校システムの人口に若年世代だけでなく、成人も含まれていること、ノンフォーマル学習が日常生活に浸透し、しかも価値を認められていること、である。これをよりどころにすれば、証拠はあいまいなものではなくなる。学習社会はなるほど私たちの周辺にすでに存在しているのだ。

学習社会の最初の指標は、ほとんどの人々が成人生活を通して組織的学習活動に参加し続けるということである。これの証拠はいくぶん混ぜこぜになっているが、全体的に言えば、イギリスだけでなく米国や西ヨーロッパ全域で、集計されたフォーマルな成人学習への参加の量とレベルはともに増大している。上昇がもっとも急激なのは北アメリカであったようだ。カナダでは、組織的学習にかかわる成人の比率は、一九八〇年代半ばと九〇年代半ばとの間で二〇パーセントから三八パーセントへと上昇した（Livingstone, 1999, 167）。一九九九年に米国では、推定九千万人の成人が成人教育活動に参加したが、これは成人人口の四六パーセントにあたる推定参加率であり、九一年以降およそ三分の一の上昇がみられたことになる（Westat and Creighton, 2000, 2）。しかし、ヨーロッパでの変化はほぼ等しく劇的であった。たとえばフィンランドでは、組織的な成人学習への参加は一九七二年から九五年までの間に二八パーセント上昇した（Tuomisto, 1998, 158）。オランダでは、参加が一九六〇年代の一五パーセントから八〇年代の二〇パーセントへと上昇し、九〇年代半ばには三八パーセントに接近している（van der Kamp, 1997）。イギリス政府は九五年に、楽観的に、「継続教育と高等教育への成人の参加は多くが二五歳以下の成人であったが、過去一〇年間に約六〇パーセント上昇した」と宣言した(DfEE, 1995, 8)。いくぶんより慎重な見方をしても、イギリスの国立成人継続教育研究所(NIACE)が行った調査によると「一九九〇年と九六年の間に全般的な参加にわずかな上昇」がみられたという。より仮説的な見方をすれば、一九九〇年のレベルは一九八〇年調査において明らかになったレベルよりも高いかのようにみえた(Sargant *et al.*, 1997, 21)。あるカナダ人研究者が論じたように、フォーマルだけでなくインフォーマルな成人学習の普及に関する知見を概観してみると、生涯教育の文化は急速に現実となりつつある(Livingstone, 1999, 168)。

もちろん、こうした動向は統計が示すほどには単純明快なものでないことを即座に指摘しておくべきである。第一に、そうした動向はすべて主としてフォーマルな成人教育・訓練プログラムへの登録数に着目したものである。その結果として、広義の成人教育への参加率が上昇しているのか下降しているのかを、特定の一時点で判断することはきわめてむずかしい。マルコム・タイトはイギリスの調査データを概観して、それぞれの調査はフォーマル教育・訓練活動のそれなりに明快な定義を示しているけれど、さまざまなタイプのインフォーマルな学習を含めようと目指すものであったと指摘した。当時の別の調査ではインフォーマルな学習について異なる定義が用いられていたので、結果の信頼性ある比較はできない(Tight, 1998)。したがって、政府資金援助を受けた一九九七年の全国成人学習調査の執筆者たちは、その調査で得られた知見を九〇年代の他の調査研究と比較して、違いのほとんどが方法上のバリエーション、とりわけ学習の定義に関する主要な質問の言い回しから生じていると結論づけた。タイトが行った概観以降、イギリス政府は九九年に、九七年時点と同じ定義を用い、その時の調査の回答者を訪ねて追跡調査を実施した。イギリスの調査研究ではかなり類似の質問が用いられたが、結果として分かったことは何らかの学習に参加する成人の比率にゆるやかで着実な上昇がみられたということであった。

参加率が全般的に上昇したといっても、すべてのグループが等しく上昇にかかわったわけではない。国立成人継続教育研究所の別の調査によると、退職の年齢を過ぎた成人の参加には顕著な低下がみられる (Beinart and Smith, 1998, 36–7)。同様に、南ウェールズでの長期にわたる成人学習研究によれば、とりわけ男性において、炭坑業など重工業の衰退とそれと関連した労働組合運動や労働者の政治参加の弱体化と結びついて、成人学習への参加は顕著に低下した (La Valle and Finch, 1999)。さらに、ある種の学習形態ではより著しい成長がみとめられた。フィンランドでは、参加率の上昇は主として労働と関連した学習の増大によるものであった。個人的発達のための学習の成長はわりに小さなものであった (Sargant and Tuckett, 1999)。しかし、こうした不均衡にもかかわらず、全般的な趨勢には疑問の余地がほとんどない。かなり信頼性があり、比較可能なデータが存在するすべての国において、六〇年代と九〇年代の間の時期には、あらゆる種類の組織的な成人教育への参加が大いに拡大したのである。

学習社会の第二の指標は、ポスト学校教育システムが第一義的に暦年齢よりもむしろ、学習の必要や需要に基づいて人々を引き入れるということである。イギリスでは、ほとんどの継続教育カレッジが今では主として成人の顧客を教えており、全大学の学部学生のおよそ半数を成人が占めている。予想に違わず、成人は学卒者とは異なる分野の教育機関に集まりがちであり、成人を教える人々はたいていい、成人学生は教育機関の本来的な意味からすればいくぶん周辺的なところにいると考えている。しかし、またもや基底となる趨勢はじゅうぶんに明白である。かつて年配の教師から学ぶ若い世代ばかりだった主だった教育機関が今ではすっかり異世代混在状態になっている。

この趨勢は今やしっかりと確立している。一九八〇年代半ばまでには継続教育カレッジが成人のための教育・訓練の提供者として地方当局の成人教育センターに取って代わった。継続教育カレッジは技術訓練所としての出発にもかかわらず、年若い徒弟のためのデイリリース・プログラムに主として専念することで、若年失業者のための新しい訓練プログラムにおいて増大する役割を果たすにつれて、一九七〇年代までには学卒者のための第二のチャンスを開くルートとなっていた。成人教育提供者としての継続教育カレッジの役割は、当時の評論家からすればより目に見えにくいものであったにもせよ、等しく劇的なものであった(Field, 1991)。九二年に起こった、地方当局の管轄からの離脱に伴う、規制緩和された競争的環境においては、(成人が指定されたタイプのプログラムに登録する場合には)新しい財政制度が学生数に応じて資源を配分するという理由も手伝って、成人の受け入れはカレッジにとって以前よりずっと魅力的なこととなった。九〇年代末までには、少なくとも公的財政により提供されるコースの学生の約八〇パーセントが一九歳以上であったイングランドでは、成人は継続教育カレッジ学生人口の明らかに多数派となっていた（Unwin, 1999）。

高等教育システムにおいてもよく似たパターンがみられる。六〇年代の拡張的プログラムから出現したヨーロッパの高等教育システムは、第一義的に、多かれ少なかれ学校から直接に入学するフルタイムの若い学生人口のために考えられていた。いくつかの国（よく知られているのはスウェーデンとイギリス）での、七〇年代と八〇年代の収容力の拡大は成人入学者の増大を周到にねらったものであった。その結果、九〇年代には入学者のかなりの比率が勉学を始める時点が二一歳以上となったのである。これは極端につぎはぎだらけのプロセスであった。たとえばアイルランドでは、九〇年代末の高等教育入学者の比率は六パーセントを下回っていたし、ベルギーではその数字はわずか二パーセントであった。一九九八年、アイルランド政府は成人入学者数の増大を図るために大学に入学許可方針の見直しを要請した（Department of Education and Science, 1998）。教育機関の間にはかなりの相違があり、成人の数がもっとも多いのは通常もっとも評判の低い大学である。また学科間でも相違があり、成人は主として社会科学、人文科学に限られている（Merrill and Collins, 1999）。「成人大学」について語るのはまだ時期尚早だが（Bourgeois *et al.*, 1999）、ほとんどのヨーロッパ諸国では年齢に基づいた排除のパターンが着実に浸食されつつある。

一つの帰結は、もともと成人のためにつくられたのではない教育機関において、成人は今やかなりの数に及ぶ少数派であるか、ある場合には多数派となっているということだ。どちらかと言えば、そうした教育機関はもっぱらかなり予測可能な軌道に沿って勉学を行い、自分のキャリアに初めて入っていくために、得た資格を利用するはずだと思われる比較的若い学生を対象に、非対称的な（すなわち「トップダウンの」）教育を行うように意図してつくられたものであった。一九四五年以降の大学生は教訓的な例である。ほとんどの人が、起きている時間の大半を学生として費やすはずだと（起きている時間のほとんどを勉学に費やすということとかならずしも同じではない）思われているからではなく、かれらの第一のアイデンティティ——自分は誰だと思うか——が学生となっているからである。高等教育システムを運営した人たちは、自分たちの学生が教授スタッフと非対称的な関係にあると考えてきた。実際、六〇年代末の学生運動における危うい問題の一つは、大学が正式に親の代わりを務めており、学生の私的な行動を規制することが許されているという事実であった。今日の多くの学生にとって、労働、学習、家族、その他のかかわりが相互に織りなされている。幼い家族のいる三〇歳の女性や、パートタイムで勉学する警察官は、自分のアイデンティティを第一義的に学生であるとはまず定義しないであろうし、教員を挑戦しがたい知恵の源泉と現役を退いた退屈きわまりない人のどこか中間に位置するものとみなしたりすることもないであろう。一つの帰結は、高等教育に学ぶ多くの成人は自分を本当の学生のように感じたことはないということである（Merrill, 1999）。継続教育の学生人口にみられる同様の変化は、イングランドの多くのカレッジといくつかの大学が今や効果的に成人教育・訓練所となっていることを意味している。

しかし、成人という新しい「顧客層」のニーズを満たすように自ら再生するどころか、大学もカレッジも比較的小さな調整を付加的に図っただけであった。継続教育セクターの場合、変化は継続教育カレッジがはっきりとした性格をなくすのに十分であったが、新しいしっかりとしたアイデンティティを見つけることなく、将来自分の環境により安全にかかわるのを助けるのに十分であった、とローナ・アンウィンは、主張した（Unwin, 1999）。高等教育では、伝統的な入学資格はふつう、入学がもっとも競争的な教育機関やプログラムによって強化されているため、成人は最終的な職業生涯の成果という点から不可避的により低い報酬を生みだす、地位の低い分野へと流し込まれている（Merrill, 1999）。その一方で、成人を引き入れる戦略は、分配する能力からというよりもむしろ機関の財政的基盤を守りたいという願いから派生している（FEFC, 1999）、プログラムの柔軟性は厳しく制限され、学び手の卵たちはタイミングや利用可能性など、選択をめぐり重大な圧迫に直面している（Blaxter and Tight, 1994）。スケッグスは、八〇年代初めに行った医療コースに入る女性の研究において、「医療コースに進学するという決定は積極的な決定というよりもむしろ、文化的・財政的制約の締めつけのなかで何かできること、また得意なことを見つける試みである」ということを明らかにした（Skeggs, 1997, 58）。イギリスの場合に即して言えば、近年、成人に合わせた用意がしばしば財政制度の調整から生じる、突然で往々にして重大な変化によってかき乱されてきたことをも指摘しなければならない。最後に、雇い主その他にみられる態度からはしばしば、新しい資格を獲得した場合ですら、適当な働き口を見つけることになると、成人は不利であるということがわかる (Purcell and Hogarth, 1999)。

要するに、もともと若者主体の一部の中心的な教育機関における、年齢に基づく入学基準の弱まりは学生人口を一変させた。しかしながら、それは制度的実践の大きな領域を変えるには至っていない。伝統的学生の間での需要がもっとも少ない教育機関や領域に成人学習者を事実上注ぎ込むことを含め、年齢に基づく偏見や、とりわけ若いころに資格を得る見込みがなかった人々に対する偏見の結果として、成人が直面する労働市場での不利ともあいまって、いくつかの意図しない帰結がこうしたミスマッチから生じたようである。

第三の指標は、ノンフォーマル学習の機会や、それに対して認められる価値に関連している。伝統的に、ノンフォーマル学習は他の活動の偶然的な副産物である学習（インフォーマル学習）と意図的な指導（フォーマル学習）の中間的な位置を占めるものである。日常生活がノンフォーマル学習の機会に満ちている度合いが学習社会のすぐれた指標である、と私は言ったことがある。しかし、ノンフォーマル学習や自律的学習が衰退している一方で、フォーマル教育・訓練への参加が記録では上昇しているのもおそらく事実である。また、ノンフォーマル学習の分野でいくつかの重要な変化が生じたということもたしかに言えることである。地方都市婦人会（ＷＩ）からのメンバーのゆるやかな流出、労働者教育協会（ＷＥＡ）の着実な専門職団体化、歴史ワークショップのラディカルな学者たちによって七〇年代に賛美されたプロレタリア自己教育家の明らかな消失にみることができるように、確実に多数の衰退の証拠がある。実際に八〇年代には、歴史ワークショップ自体、学習運動というよりもむしろ出版会になった。自己教育家について言えば、南ウェールズの過去百年の成人学習パターンについての長期研究によると、労働組合、教会、左翼政党の重要性が低下した結果として、とりわけ労働者階級男性の間での多くのインフォーマル学習の長期低落がはっきりとした (Gorard *et al.*, 1999a)。ペーパーバックの値段が相対的に下がったという事情もあって、読書に対する個人の支出は七一年と九六年の間に一一パーセント減少した (Henry, 1999, 284)。しかし、こうした推移にノンフォーマル学習の死を見てとることは誤りである。七〇年代初頭以降に行われた、北アメリカでの一連のインフォーマル学習の研究によると、フォーマルな教育・訓練の巨大な成長にもかかわらず、成人が一般にインフォーマル学習プロジェクトにはるかに多くの時間を使い続け、たぶんその傾向に拍車がかかるであろうことが一貫してわかる (Livingstone, 1999, 169–70)。

インフォーマル学習は生活世界に浸透している。しばしば日々の日常的営みと習慣に十分に染み込んでいるために、人々はインフォーマル学習を切り離して学習とみなすのではなく、人々が実行することを選んだ、どちらかといえば疑問の余地のない活動とみなしている。しかし、新しい点は、多くのインフォーマル学習はもはや古い形をとっていないということである。むしろ、インフォーマル学習は新しいかたちの成人学習に付随するものである。新しいかたちの成人学習は多種多様でさまざまな形態があるが、それはより個別化がすすみ、より私化され、よりはかなくなっているという点で、ノンフォーマル学習のより制度化された形態とも異なる。この点において、インフォーマル学習は労働者教育協会や地方都市婦人会（WI）などの団体によって提供されるノンフォーマル教育と相当に違う。そうした団体は、より広い運動のためにはっきりと確定された社会的目的を追求するためにつくられ、はっきりと編成された知識の講座を用意した。したがって、労働者教育協会はとくに（それが結成された一九〇三年には比較的数も少なかったが）、大学と労働運動（そのメンバーは市民の権利と責任をますます引き受けていたが）、を橋渡しすることをねらいとした。都市化と選挙権の拡張の時期に、地方都市婦人会は女性にとって共通の関心事について話しあい学ぶために、農村地域の女性を結集させた。（これらは集団的な自己改善と啓蒙の運動、広く集団的アイデンティティの周辺に、社会的変化の題目を追求する……）広い範囲にわたるおよそ専門化した成人教育団体があったが、それらの団体は現代成人学習の拡散した分野と比較して、それなりに一貫性のあるアイデンティティを共有した。

新しい成人教育に典型的なのは、宿泊型の短期講座、スタディ・ツアー、フィットネス・センター、スポーツ・クラブ、文化遺産センター、自助治療マニュアル、経営グル、電子ネットワーク、自習ビデオなどの活動である。たぶん、これらは成人学習の個別化がすすんだ形態であると言うことができるだろう。いずれにせよ、いくつかの主要な点で新しい成人学習は一九世紀および二〇世紀初めの工業労働者階級運動と結びついたインフォーマル、ノンフォーマル学習の類型よりも明らかに「集団主義的」な度合いが低下しているのである。そうした運動はもっとも活発なメンバーの個人的ライフチャンスを高めることに役立ったとじゅうぶんに思われるが、それらの根底にある目的は――そして運動としてのそれらの地位の源泉は――抑圧された者の共通の利益を増進させ、かれらの抑圧者との闘いを強化することであった。

対照的に、新しい成人学習の多くは自分自身との闘いに焦点が合わされている。一例として、新しいノンフォーマル学習の多くは個人に力を与えて自分自身の身体に責任をもつようにすることにかかわっている。ピエール・ブルデューは文化資本の一形態として投資される、アイデンティティの象徴的な表現として身体の重要性を示した批評家の一人であった（Bourdieu, 1984）。一九八〇年代初頭に、医療コースに入った労働者階級の若い女性の調査において、ビバリー・スケッグスは階級間にみられる体格の明らかな違いがほとんど消失したということに注目して、一九八〇年代末および九〇年代初頭までにインタビューに答えてくれた人たちが自分の身体を気にかけていたことを知った。スケッグスは、身体シェイプアップや体型に対する女性の投資が「自分自身のために自分自身の手入れをする」（Skeggs, 1997, 83–84）能力を実際に示してみるますます重要な方法として役立っていると結論づけた。身体シェイプアップは成人、とりわけ若い女性の間では、象徴的資本に投資する能力を示すもの、すなわち人が今ももっている「向上する」願望のしるしとなっている。身体の無視は肥満と翻訳されるが、プロモーションの見通しを妨げる。すなわち能動的な乱用は、たとえばアルコール依存や麻薬中毒によって、正規もしくはインフォーマルな矯正措置につながることがじゅうぶんにありうるのだ。

新しい成人学習の多くは外見にかかわっている。心を明らかに無視することは経営管理にかかわるキャリアにとっては死を意味する。成功を収めた経営者は、注意深いことに最新のグルとやり合うだけでなく、かれらのものの考え方を熟知していることも知られているが、自学の並外れたいかなる偉業によってよりもむしろ日常的営みの問題として、いとも簡単にそれを熟知しているのである。同時に経営者間の競争はどんなものでも、もっともらしく人々に聞こえるかぎりは、あれこれの影響力ある流行仕掛け人を、悪名高い過去の人として最初に公然と非難する人が勝つものだ。一九四五年以降、経営熱には量的に着実な成長が認められ、およそ一九九〇年からは急速に加速化してれっきとした産業となっている。さらに言えば、経営に関する万能薬の多くが、実行してみると利点があるというよりも、むしろ有害であることがわかったという事実があるにもかかわらず、この膨張が起こったのである。この説明の一部は供給側に求められるが（たとえば、すたれかかったコンサルタントやグルの既得権）、グルが受け入れられる極端に無批判的なあり方は、主としておべっかを使ってかれらの製品を消費する経営者にとってその製品がもつ表示価値によるものである（Ramsay, 1996, 155–67）。

よりオープンで流動的な社会では、とりわけ私たちは身体に対する関心を、（おそらく新しく獲得した）地位においてもっとも不安定で脆い社会環境や年齢グループの人々に典型的なものであるとみなすつもりなのかも知れない。したがって、フィットネス産業の状態は学習社会の健康の悪い兆しではない。本、ビデオ、クラブは人々が自分自身の身体に、その外見に、それが自分たちの全般的な幸福感に果たす貢献に取り組むことに役立っている。九〇年代の末には、アメリカの成人の約一〇パーセントとイギリスの成人の約五パーセントが三二〇〇ある民間のヘルス・フィットネスクラブの少なくとも一つに属していると推定されている（Daneshku, 1998, 17; Henderson, 1999, 1）。一つには、これらの施設が収入として顧客の忠誠心と口頭での誓いに頼る私的事業なので、事業者は学習者の快適さに相当の注意を払う。フィットネスクラブに入ってみれば、そこが他の人たちと、そしておそらく自分とよく似た身体シェイプアップを共有する人々とも一緒に、新しいテクニックを学び実践するように仕組まれていることがわかるはずだ。（男と女のクラスが別になっていることから）ジェンダーが一つの重要な因子であるともじゅうぶんに考えられるが、年齢や世代がより重大な因子であることを示す証拠がある。すなわち、あるドイツの研究によれば美容や身体に対する態度はジェンダーや職業などその他の因子によるよりも、年齢による違いの方が相当に大きいことがわかった（Kuluge *et al.*, 1999）。しかし、この研究は暦年齢と世代的属性とをかならずしも区別していないので、じゅうぶんにありうることだが、身体に対する態度が年齢よりも世代によってより大きな影響を受けるならば、これは重要なことかもしれない。一九六〇年代のティーンエージャーが今日ジーンズを穿いたおじいちゃんやおばあちゃんになっているように、ヘルスクラブの会員、拒食や過食といった摂食障害は二〇五〇年代の祖父母世代を特徴づけるものとじゅうぶんになりうるであろう。

フィットネス・カリキュラムは個人主義とコミュニティとの奇妙な混合を実例で示している。

クラブに加入すると、最初のセッションは現時点でのフィットネスの個人レベルの分析に費やされ、それに続いてフィットネスの個別プランの設計が行われる。スタッフは学習者との間で対人関係的距離を最小化して、強く平等主義的なラポールを打ち立てるように奨励される。インタビューに応じたある人が次のように言っている。

（指導員は）言葉の響きからしてすばらしく親近感をもてる名前だったわ。皮肉な見方をしてもかまわないけど、彼女はほんとうにその個別プランが私にぴったりで、わざわざ私のためにつくってくれたのだと感じさせてくれたわ。彼女は、このプランに私の体が理想的だし、私の態度もおあつらえ向きだと言ってくれたわ（女性、ノーザンプトン、一九九八年六月一八日）。

別の女性は、自分の経験と公費による成人教育のフィットネス講座に通うグループの経験とをくっきりと対照的に区別した。

個人指導員との関係ができて、通い始める初日からお互いに関係を築いていくの。お互いに相手のことを知りあう。この関係はとても個別化されていて、自分のフィットネス、自分自身の目標にかかわるもので、生涯続くものだわ。夜間クラスではこんなふうにはいかないでしょう?（女性、ロンドン、一九九八年七月七日）。

レッスンと支援が、学習者にはフレキシブルで個人に合わせてあるように思えることをねらって設計され提供されているだけでなく、「教師」と「教わる者」の関係にありきたりの経験とはまったく異なる経験をも与えてくれるのだ。しかし、多くのフィットネス・トレーニングは個人主義的なエートスをもっているにもかかわらず、参加者は実際には共通のプロジェクトに従事しており、ドロップアウト率が極端に高いために、スタッフはクラブとの高レベルの絆と一体感を形成するように努める。参加者はお互いほぼ同じスポーツウェアを着ている。フィットネス・クラブのなかには軍隊に準じた規律を採用して、学習者に迷彩色のスポーツウェアを着るように奨励しているところもあるくらいだ（Brockmann, 1999）。これはある程度の画一性や社会性と組み合わされており、個人主義化の逆説的な表れである（Bauman, 1998, 30）。

しかし、フィットネス産業は学習社会の矛盾を典型的に示すものでもある。この産業で働く人たちは成人教師としての役割を果たしながら、指導員、コンサルタント、アドバイザー、リーダーなどの別名で呼ばれることがある。主観的には、クラスが公的成人教育サービスによって運営されている場合にのみ、スタッフははっきりと成人学習の一環だと思うようである。この産業の成長は資格と講座のごった返し状態を生み出している（多くは継続教育セクターに属するものだが、リビング・ウェルのようなグループ企業のものもある。これはスタキス・ホテル＆カジノ・グループの系列として設立され、ラドブロークによって引き継がれた）。しかし、聞くところによると給与水準は低く、この産業の内部の人たちによれば、営業促進の見通しは芳しくないという（Henderson, 1999, 1）。フィットネス・センターのスタッフは、とりわけ一般の人々を相手に仕事をする場合は概して年齢が低い。エジンバラを舞台とするフィットネス・コンサルタント企業のオーナーによれば、スタッフもまた「いつも健康そうに見えて、元気いっぱいで、熱心でなければならない」のだ（Henderson, 1999, 1）。この点で、この産業は配食業や小売業や娯楽産業などの分野での「美容労働」の成長にみられる、より大きな動向を反映している（Nickson *et al.*, 1998）。

新しいインフォーマル成人学習は能動的な消費の一形態である。これによって個人は自分の身体、自分のアイデンティティ、自分の諸関係に取り組むことが可能になる。新しい成人学習者は別の階級や国民の抑圧に抗して闘うよりも、むしろ自分自身と、そして自分の親密な諸関係と闘うのである。多くの提供は商業セクターで、あるいは治療、食餌療法、自己管理療法といったオルタナティブ経済の周辺で、急速に、しかも今までのところ、ほぼ規制を受けずに成長してきた。そこには社会的目的が何一つないと言っているのではない。主観的なレベルでさえ、そうした成人学習に参加することは解放的であるか、解放的と感じられることがある。相補的医療の講座に参加すると、保健の専門家から前より自立したと感じるかもしれない。たとえば、フィットネス・トレーニングを受けると、自分の今の身体シェイプの抑圧から解放されるかもしれない。人間関係カウンセリングを受けると、不満な結婚に隠れていた「本当の私」に気づかされるかもしれない。アンソニー・ギデンズが論じたように、たしかにこの種の学習は重大な社会的変化に貢献している（Giddens, 1994）。にもかかわらず、新しいノンフォーマル学習は学習者によって広い意味での個人の発達や自己実現のプロジェクトの一環とみなされている。これは、個人主義化のより広いプロセスに貢献し、それによって形づくられる多くの動向の一つである。

流行と個人

私たちはこうした現象をどの程度深刻に受け止めるべきなのか。それは提供側の派手な売り込みと需要側の神経症的不安の結果としての、単なる一時的流行なのか。もしそうならば、こうした現象は生涯学習を行う真面目な学生によって無視され、生涯学習がかつて活気に満ちた、啓発的自己改善の文化に依存してこしらえてきたことを、退廃のしるしとして嘆きの対象とすることも起こりうるだろう。あるいは、何かもっと実質的なことが進行しているのだろうか。

自助テキストの例を取り上げてみよう。そうしたテキストはより広い文化的環境――すなわち、日常生活の出会いや言説と密接に織りあわされた、本、テレビ番組、カウンセリング、新聞記事、トレーニング活動の世界――の一部である。ポール・リヒターマンはアメリカの大衆心理学についての説明のなかでこのことを「薄い文化」と評し始めている。

教育程度の高い、中流階級の読者は自助心理学の本に二面的な価値意識をもって近づいていく。かれらは新しい書名が出てくると、その間ずっとそれに対して広い心の実験的な態度を維持しながら、本を同時に信頼させるとともに話半分に受け取らせる大衆心理学の読み物という文化に参加する。この二面価値性は一部には読者が本を生活必需品とみなすことから、そしてまた一部には個人的な悩みに対処する方法を即座に考えつくときに、読者が自助読書と一緒にしてごまかす他の論点との関係から生じる(Lichterman, 1992, 427)。

しかし、こうしたテキストは消長が激しい。ゲイル・シーヒィの著作の例について第1章ですでに触れたが、あれは一時期注目を浴びて、やがてそれより断然優れたものに取って代わられる、多くの自助テキストの一つである。そして、それがまさしく肝要な点なのだ。流行と短命さが重要なのは、消費者に自分がパイオニアであると思わせてくれ、自分の試す能力を実際に使わせ、提供されるさまざまな解決策のなかから選び取らせてくれるからなのだ。この行動は思慮に欠けるとか非合理的だとはとうてい言えない。これは、現代の学習社会の産物そのものなのだ。

本質的に短命であること、ただひたすらに目新しいこと、快楽の追求――こうした消費者気質は成人学習の領域全般にもみられる。新しいインフォーマル学習はやや皮相なものなのだろうか。たしかに、個人がそれ自体を目的として「伝統を捨てる」ようにと誘惑される危険性は増大している。たんに「時代に遅れない」と映るために、合理的な選択によって確立した行動・思考様式を捨てるというよりもむしろ、この誘惑は完全に非反省的なやり方ですべての古い役割モデルや基準を捨ててしまおうとするのだ(Jansen and van der Veen, 1992)。故クリストファー・ラッシュは現代の広告がもののためだけでなく、新しい経験や自己実現のためにも人々に満たすことのできない欲望をもつように「教育する」ことに抗議して，「疑似自意識の陳腐さ」について語った(Lasch, 1980, 137)。もっと最近では，フランク・フレディが親教育やカウンセリングといった現象を，学習された無力さの証拠として説明している(Furedi, 1997, 91)。フレディによれば，私たちは不安の精神的土壌のなかで暮らしており，そこでは個人は保険の一形態としてカウンセリングや教育に目を向ける。しかし，このことは新しい成人学習を本来的に皮相なものとするであろうか。正規の教育システムは多くの日常的難題に直面して等しく皮相な知識を提供するのだと私たちは答えるかも知れない。学校や大学は私たちが愛するものの死や結婚の破綻に対処する術を学ぶのにどれほど役立ったであろうか。しかし，このことさえ肝要な点をはずれているようだ。

新しい成人学習の多くは，学習者が漠然としたものや不確かなものに取り組めるように設計されている。比較的流動的で開かれた社会では，それがしばしばごく一時的な安心感を与えてくれるに過ぎないという事実は，他に羅針盤をもたずに社会空間へと入っていく自信と引き換えに払う，受け入れ可能な犠牲であるように思われる。スケッグスが指摘したように，文化資本は「それに慣れていなければ，そしてそれが自分自身を定義するのに用いられる経歴や気質の一部でなければ，アクセスと利用がむずかしい」(Skeggs, 1997, 90)。文化資本の価値が急激に上下したりする場合には，学習に対する軽量級のアプローチが大いに意義あることになる。

流行もまた商業的圧力によって駆り立てられる。新しい成人教育は，環境や社会問題に興味をもつ人々を引きつけたいと願っている非営利団体の間でさえ，ほぼ完全に商業ベースで成長してきた。フィールド型のプロジェクトによる勤労休暇のために有償ボランティアを雇っている環境団体であるアースウォッチは、一九七一年から九一年までの間に年平均二〇パーセント以上の会員増があった (Cherfas, 1992)。二〇〇〇年までには、政府の成人・コミュニティ学習基金からの資金交付を受けて、アースウォッチは社会的に不利なグループ出身の成人のためにいくつかのフィールド・プロジェクトを開発していた。しかし、こんなふうに自分たちの守備範囲を広げることの組織の能力は、第一に泊り込みのフィールドワークに参加するために相当な額のお金を支払える学習者からの収入の着実な流れがあることによるものであった。

同様に、フィットネス産業は主として私企業セクターで成長してきた。イギリスの私企業セクターのフィットネス産業は今や年間一〇億ポンド以上に値する。公的セクターでは、多くの機関が、国家の財政支出制度の奇行に対するクッションを用意する方法として商業収入を増やすことを選んだ。伝統的に不安定とみなされてきたのは商業市場であり、そしてある程度の連続性を保障するものとみなされてきたのは(プレ・ニューパブリックマネジメントの)国家であるということを考慮すれば、皮肉にもそうなのである。市場でかつて活発であったので、どの提供者も現在の動向に遅れずについていくだけではなく、ついていっているようにみられなければならないのだ。時代遅れのプログラムに集中することに対する評判は死の口づけとなるかもしれない。新しい科目が現れ、成人教育の世界全体に嵐を巻き起こし、かろうじて軌跡を残して消滅していく。近年の例のなかには、女性の護身術、ラインダンス、タイチーがあるが、これらはいずれもいささか賛否の分かれる、前衛的ですらあるトピックとして始まり、一見確固とした人気を博し、やがてその人気がすたれ、ついにはこっけいなほど流行遅れなものとして蔑まれた。このゲームの前方の位置を常に確保し、最新のホットなトピックに関するコースを提供せよという圧力は公的セクターに対しても商業的な競争相手に対すると同様に強力なものである。

こうした流行に敏感な新しい成人学習はほんとうに個人主義的と呼ぶことができるのか。もしそう呼べるとしたらどんな意味でなのか。それはたんに大衆の本能的で非理性的な運動に――もっと侮辱的な言い方になるが――羊の群れに過ぎないのではないか。何か単純な流行の追い求めよりも深いことがらが進行しているのだろうか。たしかに、カリキュラムの考えにおいて学習者の個人的なニーズや責任の強調が増大している。「知識社会」では学習の受け身形はもはや十分ではない。むしろ、「学習者は実践的でより自主的にならなければならない」(CEC, 1998b, 9)。そして実際に、学習のこうした形態は二つの意味において自律的である。すなわち、あまりに多くの仮定を設けないので、この種の学習をサポートする情報源はひとりで学ぶ個人による利用に適している。自助テキストはきまってベストセラーのリストに仲間入りする。人間関係の自助テキストである、ジョン・グレイの『ベスト・パートナーになるために――「分かち愛」の心理学』は、イギリスの販売実績でゆうに五〇万部を超えた(*Sunday Times*, 11 October, 1998)。

新しい学習の多くは家庭で、しばしば異なる世代を巻き込んで行われ、買い物の途中で手に入れた情報源によって支援を受ける。直系家族が新しい成人学習にとって重要な場所なのである。

それは、在宅で利用可能な双方向型のテクノロジーや伝統文化産業の爆発といった現象の成長に反映された、家庭にいながらにして楽しむ娯楽へと向かう大きな転換とからみあっている。たとえば、観光に対する総支出額は一八七一年から一九九六年の期間にほぼ三倍になっている(Henry, 1999, 284)。またもや、これは社会行動のより大きな変化の重要な一部をなしている。ヘンリー・センターの時間利用パターンの研究から得られた知見を要約して、アラン・トムリンソンは一般的な傾向について次のように書いている。

(一般的傾向は)じゅうぶんにはっきりしている。成人初期の後、ますます多くの人々が家の中やその周辺で自分の空いた時間のますます多くを使う。テレビ、庭仕事、住まいの改善、ホームシアター、家庭での娯楽など。これらが家庭を自治的な余暇センターとして開発する消費者文化の中核的な要素となっている(Tomlinson, 1986, 47)。

もしも家族の休暇の前にトルコについてしっかり勉強したいとか、自分の体調を整えたいと思えば、あるいはゴルフの腕を上げたいと思えば、ビデオかCD-ROMを買えばよい。相当多くの誇大広告がニュー・テクノロジーの教育的利用を取りまいている。ニュー・テクノロジーはふつう、教育・訓練をすべての人に利用可能にする、何か素晴らしい恩恵としてまったく無批判に提供される。そしてたぶんこうも言える。結局、ニュー・テクノロジーは往々にして私たちの家庭や余暇やショッピングや職場の、快適で馴染み深い部分にすでになっている、と。ヴァージン(大手ビデオレンタル・チェーン)のビデオの棚スペースのおよそ五パーセントを教育と余暇の題目が占めている。フランスでは、それなりの規模のソフトウェア産業が地方市場向けに製品を再加工するために出現した。そのためにマイクロソフト社のベストセラー百科事典、アンカルタは三万の収録語があるが、約二五〇〇の新規見出し語を入れて、アメリカの副大統領やイギリスの都市の見出し語などの不要語が消えた(Latrive, 1997)。これらのものは誰にでも手に入って、どこの目抜き通りでも、インターネットでも、どんなショッピングセンターでも、鉄道駅や空港でも買うことができる。情報や学習プログラムへのインターネットによるアクセスは爆発的に増加している。ある推計によると、「有料テレビ番組」市場規模予測は二〇〇八年までには六〇億ポンドにまで上昇し、遠隔学習がそのうちのますます大きな部分を占めるようになると言われる(Vision Consultancy Group, 1999)。

目抜き通りで買える情報源のほとんどはそんなに新しいものばかりではない。オーディオ・テープ、自助のための本、ビデオ・テープはほとんど革命的ではない。インターネットや双方向型テレビのようなニュー・テクノロジーは比較的利用が簡単である。しかもそれらのほとんどが私たちの毎日の生活にぴったりとうまくはまる。路上の車が増えるということは、運転することに(あるいは列をつくって座ることに)費やされる時間が増えるということであり、運転する人が新しい言語を学習するためにカセットプレーヤーを使い始めたり、自分の会議スキルを必死で磨いたりすることになるのだ。家庭のビデオデッキが増えるということは、教育番組を録画したり教育用ビデオを観たりできる人が増えるということだ。ネットワークに接続した世帯や職場が増えるということは、勤務時間中、従業員にネットサーフィンを止めてもらいたいと考えている人と、自分の部下が新しいノウハウを身に付けていると喜ぶ人とに、経営者が二分されるまでに人々がインターネットの情報境界を探索することができるということだ。しかし、こうした情報源への親しみやすさには固有の罰が待ち受けている。私たちはそうした情報源を娯楽に利用することに慣れてきたので、教育材までまるでその目的が娯楽的でないといけないと考えがちである。このことはしばしば製作者にとって小さな異議申し立てとなる。すなわち、たとえば一九七〇年代と八〇年代に、コメディアンのジョン・クリースが真面目なコミック経営ビデオの製作によって大いに儲かって人気のある副業を手がけた。しかし、視聴者の期待は、その新しい・情報源が効果的に与えてくれるものに今なお制限を加えている。

一つの説明として、テレビ視聴者の注意持続時間を取り上げてみよう。ＭＴＶロック局の調査部が、平均的な視聴者がチャンネルを変えるまでに、同局の番組を観ている時間が約二分半であるということが分かって同局に驚きが走ったことを私たちは知っている。平均視聴時間はほぼ一〇分だろうと同社は予想していたのだが（Front Row, 1999）。さて、こうした行動が画面提示型の学習材を観ている成人学習者の間で繰り返されれば、制作者は注意を保持したければ非常に急なテンポで情報を伝えなければならないかもしれないのだ。このことはそれ自体においてたいした挑戦ではないが、何であれ、持続的な説明や注意の集中が求められるテーマは、画面表示型のメディアにはおそらくあまり向かないということになる。急なテンポで取り扱うことができるテーマであっても、視聴者は直前、直後の急な場面の変化を観ているかどうかわからないので、文脈の感覚をもっているということを前提としないで提示しなければならないであろう。このことはいかなる計画的な教育にも重大な制約となる。

家庭にますます焦点が合わされるようになったことは、家族がますます強調されてきたことをも意味する。しかしながら、家族もまた変化してきた。家族はずっと小さくなり、子どもたちは消費財として扱われ、同時に諸権利をもつものとみなされ、西洋文化においては若さの強力な理想化がみられる。時には子どもたちが大人に教えることもあり、お互いに教えあうことはずっと多くみられる。なかには私たちが「逆社会化」とでも呼べるようなものがみられると主張する人もいる。子どもたちは時々大人を現代の存在の不思議なあり方へと引き入れることができる(Cochinaux and de Woot, 1995, 27)。もっとも明瞭な例は比較的早くから年齢とともに能力が低下するようにみえる、新しい情報通信テクノロジーである。しかしここでも、家族と友情のネットワークの役割が決定的であるとみられる。

同様に、相補的医療の人気は——一九九五年には総合医療のゆうに三分の一を超えるまでになっているが——治療者が各患者に使う時間と、「全人」にかかわるこの治療のやり方と、自分自身の健康をある程度コントロールしたいという患者の願望によるものだといわれる(Vaughan,

1999, 20)。一九九七年のイギリス産業では、約七〇〇の経営者が希望により従業員にカウンセリングを提供している。多くの場合、このサービスは保健医療業者による下請け業務の一環であった（MacEarlean, 1999, 9）。これにかかわっている経営者はたぶん、従業員の自己実現を促すことよりも生産と業績のレベルのことを気にしていたが、後者を促進するためには前者を引き受けなければならないと感じたのである。またもや、これはいかなる問題に対しても責任を個人のものとし（自己アイデンティティ確立への後押しを必要としているのは個々の従業員である）、問題自体を病理化する（業績の低さは欠陥のあるパーソナリティの証拠とみなされる）方法である。

啓発、社会改良、社会運動への支援に献身するといった、古風なタイプの成人教育の視野からみれば、こうした個人主義は社会的目的を放棄した表れと映る。しかし、社会的目的をもった成人教育を生み出した社会運動自体が変わった。労働組合の会合に出席するのは組合員のごく一部になっているし、キリスト教の教会にはほとんど人がいないし、環境保護や女性解放の運動でさえ、一九世紀末や二〇世紀初頭の頃の運動と比べると結束が相当に緩くなっている。

より一般的に言えば、あらゆるタイプの自発的な活動が変化している。イギリスでは、地方都市婦人会といった伝統的な女性団体はある種の若者グループやスポーツクラブと同様に、長期の容赦ない低落を経験している。この低落傾向は一九八〇年代に労働組合や一部の任意団体（たとえば赤十字）にも影響を与えた。アメリカの場合と同様に、こうした傾向は自発的な活動の低落を告げるために時々取り上げられてきた（Putnam, 1995）。しかしながら、全般的には七〇年代以降、イギリスでは女性の間でとりわけ顕著であったが、見たところすべての社会集団やすべての世代に影響を与えて、団体の会員数はゆっくりとではあるが着実に増えてきている（Hall, 1999, 421–4）。任意団体での社交性とインフォーマル学習の効果の間には緊密な結びつきがあることを念頭に置いてみると（Field and Spence, 2000）、こうした動向はきわめて重大なものである。さらに言えば、団体会員数の増加は、とくに女性の場合、教育水準の向上と密接に関連しているようだ（Hall, 1999, 436–7）。しかしながら、こうした動向は、新しい社会運動や地域的活動が伝統的で全国的な団体の一部を凌駕するにつれて、会員数の全般的な構図をつくり替えるのに役立ってきた。そしてこのことが今度はインフォーマル学習の見通しを変えたのである。

集団的価値の低落を嘆くよりもむしろ、個人の自主性の探求と新しい形態の社会的結合との折り合いをつける可能性を追求することの方がより意味がある（Beck and Sopp, 1997）。しかしまたもや、一方における個人主義と他方における孤立したエゴイズムや一元論を区別することが重要である。たとえば、新しい成人学習者は何よりもまず、もはや確かなものが何もない社会的世界で自分自身を位置づける方法を明らかに探し求めている。かれらが市民的活動参加によって学習に乗りだすわけだが、それは構成員が定例の会合やおきまりの集団的行為に顔と顔をつきあわせてかかわることよりもむしろ、単独で取捨選択し、判断する（選ばれた）情報への迅速なアクセスを用意してくれる「架空のコミュニティ」の成員であることによってであるかも知れない。

ほかの多くの領域と同じように、新しい成人学習ははるかに広いプロセスの一部である。個人が自分の行動の導き手として伝統的な機関やそれと結びついた権威者——教会の指導者、親、貴族など——に頼らなくなるにつれて、個人の自律性も高まっている。少なくとも理屈のうえでは、さまざまの可能な役割モデルから選ぶことができる。伝統的な役割モデルが消失したわけではないが（実際、そうした役割モデルは、ほとんど理解されなくても、原理主義的運動にとっては重要なより所である）、いかなる役割モデルを選んでも、個人は人生誌的選択肢のいっそうの増大に直面せざるをえなくなる（Jansen and Klaassen, 1994, 77）。そして、自律性にもっとも依存的で、ポスト物質主義的価値をもっとも信奉しやすい人々は、学習の拒否がたんなる選択肢とはならないような立場に立たされる。反対に、自律性やポスト物質主義をすすんで受け入れる人々は学習を積極的なライフスタイルの特徴、すなわち混沌に対処することができるしるしとしてもっとも支持しやすいものだ。そして、多くの成人がひとりで学習を享受することがほとんど驚くにあたらないとしても、興味深いことに、少なくともイギリスでは、集団の支援がもっとも高く評価されるのは若い人たちの間においてである（Campaign for Learning, 1998, 20–21）。私たちはプロセスとしての個人主義化について論じているのであって、概して否定的な属性であるエゴイズムについて論じているのではないということをここで強調すべきである。すなわち、これはかならずしも利己主義的、自己中心主義的なプロセスではないのである。経験的には、この関係はいささか複雑にみえる。欧米諸国の全域で、個人主義化が増大していることが調査結果によってかなり明らかになっているが、個人主義（あるいはエゴイズム）は自分自身の利害を一心に追求するべきだと個人が考える領域に限定されるようである（Halman, 1996, 200–209）。

もちろん、このことは個人主義に栄光を与えることでも、それをいつも変わらずエゴイズムや自己権力拡大によって汚されていないものとみなすということでもない。たしかに、新しい成人学習が極端に物質主義になる可能性はじゅうぶんにある。投資クラブ――株式市場のことを学んで投資するために集まるクラブ――の人気がますます高まっていることは、自律的学習と社交性と財務収益に対する関心が組み合わされればこんなふうにもなるという、一つのよい例である。アメリカで始まってから急速に普及して、一九九九年の半ばにはアイルランドだけでもそうしたクラブが約七〇になった。典型的な場合だと、クラブを構成するのは、資金や専門的知識が不足していて単独での投資を選択肢として選びにくい人たちであり、お互いを信頼しあうための共通の基盤をもつ人たちである。したがって、「経営管理修士」投資クラブは二〇名の会員と月額五〇アイルランド・ポンドの拠金によって、ダブリン市立大学の経営管理修士プログラムとのかかわりで集まった人たちから生まれている。クラブの個々の会員は、合意により投資対象となりうる分野のリサーチを実行し、拠金された原資をどのように投資すべきかを投票で決める月例会に報告するのだ（Ward, 1999, 3）。

さらに言えば、新しい成人教育の学習者の状況はきわめて矛盾に満ちている。自律性や自主性といった価値と教師への依存とに折り合いをつけることは、とくに自分の仲間の前で晒しものになったり、恥をかくというリスクと組み合わされているかもしれない。一つの解決策は、制度化したいっさいの教育と縁を切り、集団よりもひとりで行う学習、直接教授からというよりもむしろ教材からの学習ということである。また別の解決策は、ほんの一時的であっても、学習者が教室内での人と人との関係を支配することによって、成人としての自分の役割やアイデンティティと学校に戻るという子どもじみた地位との間の葛藤に取り組むことである。マイク・ベイナムは、教室のユーモアと「学業を離れた交流」が「不平等な権力・知識状況の対立が起こりうるにもかかわらず、参加者、教師、学生がなんとか教室で一緒にいるように工夫する方法をしばしば提供してくれる」のだと説得力をもって論じている（Baynham, 1996, 197–8）。もちろん、冷やかしや余興もまた学生を集めるのに役立つ（Salisbury and Murcott, 1992, 563, 8）。これは何ら新しいことではない。一九二一年、バジル・イークスリーは「学習は大人のリクリエーションであり（中略）成人教育では生徒は楽しくなければならない」（Yeaxlee, 1921, 33）と述べた。しかし、成人教育がつねに参加者数を維持する方法として、楽しみの要素を含んできたと指摘することは話のほんの一部に過ぎない。ベイナムは的確にも、ユーモアと「学業を離れた交流」が、とりわけ学生主導で行われる場合には、学習者であり成人でもあるという複雑な地位に対処する方法であるとみている。この二つは活発に学びアイデンティティを生みだす方法なのである。

反省的近代化

きわめて個人主義的で消費者指向の強い学習という、この拡大する世界を私たちはどのように理解すべきなのか。個人の生活は変わりつつあり、結果として成人学習の世界も変化しつつある。私は、このプロセスがただたんに経済的要因から生じているのではなく、文化的・社会的変化とも深く結びついていることを強調しようとしてきた。これは重要なポイントである。生涯学習の政策事例がスキルや競争性と緊密に結びついているので、たんに仕事の点だけでなく、家庭や余暇や消費や親密な関係といった点についても、個人の人生誌の重大な変化を簡単に見失ってしまうものだ。すべてが予測不可能になっており、すべてが私たちに自分の生活で何を計画するのか積極的に決定をくだすことを求め、しばしば矛盾を含む一連の情報と知識を私たちがやっているように重みづけることを求めている。ある社会理論家のグループは――すでにこの本でもしばしば言及しているが――こうした変化を「反省的近代化」という、より広いプロセスの一部であるととらえている。かれらの著作は私たちの生涯学習理解にとってかなり重要なので、かれらの主要な考え方の一部を簡潔に要約すると役立つかもしれない。

このグループでもっともよく知られているのは、たぶんミュンヘン大学の社会学教授、ウルリヒ・ベックとロンドン・スクール・オブ・エコノミクスの研究科長、アンソニー・ギデンズであろう。いくつかの大きな点で異なるものの、この二人は現代社会において知識が果たす中心的な役割に関してよく似た結論に到達した。いくつかの点では、二人とも明らかに社会学の父祖であるデュルケームとウェーバーの恩恵を受けて、社会学的分析の主流に位置している。ベックとギデンズはともに、人間は自分の運命の担い手であって、社会構造の内部で位置を受動的に割り当てられた存在ではないことを強調するので、近代世界がそれ以前とどう違うのかを説明するという問題に直面することになる。ポスト・モダン論は何の説明をも用意しないものとして拒絶して、二人はベックが言うところの、後期近代（late modernity）の個人主義化傾向に焦点を合わせる。ギデンズはこんなふうに言う。各個人は自分の社会的関係が特定の文脈から取り出されているという事実に直面している。それゆえ、ますます選択と反省に左右されるようになる、と。この取り出しのプロセスもまた三つの力の結果として生じている。第一に、グローバル化の傾向が一方においてある程度の標準化を促すだけでなく、個人が自分の状況を他の文脈において完璧に機能するようにみえるものと比較するように奨励する。第二に、「象徴的なしるし」（たとえば、金や科学、ビジネスの専門言語など）があらゆる種類のローカルな境界をどんどん越えるようになっており、情報テクノロジーのおかげでこの越境は空間のみならず時間にも及んでいる。第三に、専門家システム、すなわち合理的に構築された知識の秩序体系が重要性を増しており、広範な市民にいっそう利用しやすくなっている。ベックとギデンズにとっては、この説明の重要性は、それがおびただしい社会的実践が――最も広いものから最も親密なものまで――新しい情報に照らして常に再検証されている実情に注意を引くというところにある。

ベックにとっては、後期近代の主要な特徴は「リスク」である（Beck, 1992）。ベックは、現代の資本主義経済では知識が中心的な役割を果たすことを認めるが、同時に新しい知識の応用から結果として起こると思われる、意図しない帰結にも注意を引く。このプロセスのもっとも明瞭な例は環境の悪化と公害である。しかし、個人のレベルでも、人々は自分の運命を組織の手に委ねることに気が進まなくなっているが（国家であれ企業であれ、いずれも近年、全面的に賢明ではないことがはっきりしている）、自分自身の個人的な将来のために責任を負うという、意図しない帰結が生じるかもしれないことに気づいている。「リスク社会」という概念に支えられて、ベックは生活状況と人生誌パターンの両方の個人主義化を強調する。これはエゴイズムや原子化と同じではない。反対に、ベックにとっては、個人主義化は深く社会的なプロセスであり、そのなかでは自分の関係と実践を反省的に計画し、選択し、維持する能力が、近代の予測できないリスクを個人がうまく切り抜けられるようにするために中心的な役割を果たす。ベックからみれば、近代化の「善」だけでなく「悪」の不平等な分配のおかげで、このことは新しいかたちの不平等が出てくる見通しを生むのだ（Beck, 1996）。

ギデンズの研究はベックとは別個にすすめられたが、多くの類似点をもっている（Giddens, 1990, 1991）。現代の存在の根本的な特徴として、リスクと不確実性という観念に同様に魅かれながらも、少なくとも欧米世界の安楽地帯では、今となってはわからない規模で、人間がこうした現象につねに直面してきたことをギデンスは強調する。新しい点は「つくられたリスク」の意識が広がっていることである。すなわち、自然現象からというよりもむしろ、ほかならぬ人間の活動から生まれ、とくに知識の応用から生まれるリスク、たとえれば疫病や飢饉よりもむしろ、食糧難や放射能汚染なのである。またギデンスは、全面的で根源的な反省を促す社会科学の重要性を強調する点でもベックと異なる。

近代生活の反省的性格は、社会的実践が当の実践をめぐって入ってくる情報に照らして絶えず検証され改革され、そうして構成的に自らの性格を変えていくという事実にある……。すべての文化において、社会的実践はそのなかに分け入っていく、進行中の発見に照らして日常的に変えられる。しかし、モダニティの時代においてのみ因習の改訂が人間生活のすべての側面に（原理上）適用するように根源的に行われる（Giddens, 1990, 38–39）。

ギデンズ自身が用意したこの過程の例には、人間関係やダイエットについての、より日常的な決定ばかりでなく、ジェンダー・アイデンティティや遺伝的継承をめぐる決定も含まれている。ある長期研究のなかで、ギデンズは社会心理学が、自分の人間関係を再検証している人々に訴えるように仕組まれた自助マニュアルによって大衆化していく事情を調べている（Giddens, 1992）。ギデンスにすれば、これらのことは、あまりに小規模だったり、あまりに親密だったりして後期近代社会に典型的な切り取りのプロセスから逃れられないような社会的実践はないことを示す証拠である。すべての行動とすべての人間関係は制度化された反省のプロセスに従属しうるし、実際しばしば従属している。

こうした社会理論は私たちの生涯学習理解にどのように貢献するのだろうか。第一に、こうした理論の存在自体が注意を引く。あまりに細かい点を書き込むわけではないが、現代のもっとも著名な社会思想家のなかには、知識と反省を近代社会の中心的な変化のレバーとみなす人たちがいる。このことだけからでも、私たちはそのもつ意味を判断するように迫られる。たとえベックとギデンズがひどく間違った理解をしたとしても、かれらは自分たちの専門領域以外でも、事実としてきわめて影響力のある人物である。すなわち、かれらは政治思想の「第三の道」学派の指導的理論家でもあるのだ（Giddens, 1998）。二人とも生涯にわたって続く学習（「反省」）を自分たちの理論的貢献の中心に置いているので、少なくとも生涯学習に関係する者にとっては、彼らはある程度興味ある人物だということがわかるはずだ。

第二に、ギデンズとベックの理論は生涯学習の本質に関して、より直接的な意味をもっているかもしれない（Hake, 1998）。かれらの直接の社会的意味は、主としてかれらの説明が筋の通ったものかどうかということによって決まる。私の考えでは、かれらは生涯学習の究極的な重大性についてのみならず、生涯学習の範囲についての私たちの理解に何がしかの貢献をしている。もちろん、現代の実践の大海のなかで、かれらだけが理論の魚であるわけではない。そして他の人々の貢献がしばしばこの説明に用いられるが、現代社会で生涯学習が根底で受け持つ機能と立場を把握する際にかれらの研究業績は中心的な役割を果たすように私には思える。

制度化された反省についてのギデンズとベックの説明から、少なくとも二つの結論が浮き彫りにされる。第一は、生涯学習は伝統的な言説の大きな対象となるものであるとともに日常生活の

「小さなことがら」にかかわるものだということである。第二に、制度化された反省はたんに消え去ったりするものではない。ますます、それは人間の行為および相互行為の媒体であり、それと関連した問題――不確実性、不安定、変化のための変化、分配とアクセスの不平等――に取り組むことが必要になっている。第三に、二人は人間の運命を形づくる個人を離れた大きな力（グローバリゼーション、テクノロジーの変化、価値観の変化など）と個々の行為者の社会的実践の間の相互作用について、複雑でニュアンスに富んだ説明を与えてくれる。ギデンズとベックは流行追随と状況的制約の役割について過小評価している点で難点をもつ可能性がある。この二つは、ともに所与の社会的実践において操作できるようになっているのだが、制度化された反省のプロセスにとって根源的であるという印象を私に与える。かれらの分析はこうした傾向が多かれ少なかれ、誰にも等しい程度に影響を与えるということを示唆しているので、私もまた、それがもつ非常に包括的な性質を心配している（これについては、ヴェスターの一九七七年の論文にある、より鑑識眼のある分析に関する後述の立論をみよ）。しかし、人間の力、反省、信頼の強調はここで示す生涯学習の理解にとって中心的な位置を占める。

開かれた状況もまた潜在的には不確実性とリスクに満ちているので、信頼はとくに重要な意味をもつ。原理的には、そうした状況は人生計画における、より主観的な決定と選択に通じる場合がある。しかし、そうした状況はまた、自分自身ばかりでなく、たぶん親密な他者にも影響を与えつつ、うっかり袋小路や逆転に至りかねない決定を下す可能性に個人を直面させる（Jansen and Klaassen, 1994, 77–8)。疑いの余地なく、自己発達と自己実現の言説は自助治療の非常に重要な一部である。一つの皮肉は、「この専門性が公的な言説において本質的で非常に実体をもったテーマを形成するけれど、私的生活へと方向づけられるのはレトリックである」(Chaney, 1998, 541) というところにある。

ますます反省的で革新的になるどころか、後期近代社会は不信と不安の循環にほとんどからめとられている、と論じる人もいる。とくに、カウンセリングやオルタナティブ医療といった、個人の発達と成長の新しいかたちが増大することは、将来の方向性について自信がもてず、人間関係の扱い方がはっきりしない社会の特徴である (Furedi, 1997, 132–3)。しかしながら、アンソニー・ギデンズにとっては、「自己成長のエートスは後期近代において、芽をふきだした制度化された反省、抽象的システムによる社会的関係の切り取り、その結果起こるローカルなものとグローバルなものとの相互浸透など、全体として大きな社会的変化の導火線となるもの」なのだ (Giddens, 1991, 209)。そこでギデンズとベックにとっては、後期近代を特徴づけるのはまさしく個人と知識の間の継続的で活発な参加なのである。しかし、こうした理論は生涯学習の重要性に意義ある洞察を与えてくれるが、限界があることも事実だ。

反省的近代化理論の一つの欠点は、大転換を成人人口全体に投影しようとする傾向があることだ。しかし、グローバリゼーション、抽象的な知識、制度化された反省など、こうした動向の一つとして人口の全体に等しくインパクトを与えるものではない。西ヨーロッパや北アメリカのよ

図１　社会空間における生涯学習

生涯にわたる学習者	手段的な学習者
・アイデンティティの核心部分の学習と自己開発 ・学習への高い動機づけ ・自律的学習が得意 ・新しい方法を採り入れる「学習パイオニア」 ・「時代遅れの」既成の提供者に批判的	・雇い主から求められれば学習 ・学習は目的実現のための手段 ・上司が選んだ提供者の受容 ・実績があり検証済みの方法への強いこだわり
伝統的な学習者	**非学習者**
・アイデンティティの核心部分の学習 ・学問的階層構造のなかでの学科主導の価値 ・学習への高い動機づけ ・実績があり検証済みの方法への強いこだわり ・学問提供者への強い尊敬	・非（もしくは反）学問的セルフ・アイデンティティ ・組織的学習の回避もしくは強制による実施 ・学習の効果に対する不信 ・あらゆる提供者に対する反発

うな、比較的豊かで統合性の高い社会においてさえ、反省的近代化は極端に不均等なインパクトを与える。ドイツにおける現代の社会・文化的変化を調べたマイケル・ヴェスターは、社会空間というブルデューの概念を用いて四つの広いグループ分けを試みた。そのそれぞれが変化に向かう傾向から異なる影響を受け、そうした傾向と闘っている。

・高度に個人主義化され、近代化の傾向に批判的にかかわり、上流の、もっとも近代化された社会集団で、不確実性を乗り切る能力によって繁栄する。
・ドイツで中間的な収入と中間的な教育を受けた労働者の中間的世代を主な母体とする、不安定な中道派で、そのなかには増大する不安定の結果としての近代の諸側面に幻滅している人もいる。

・金銭的には比較的恵まれているが、自分たちの親が支持した伝統主義から子どもが離れるという傾向を経験している、わりに裕福な保守派。

・既成の社会的きずなの崩壊によってもっともダメージを受け、近代の暗い影にますます閉じ込められる落伍集団で、公的な生活への無関心に逃げ込んだり、しばしば新右翼諸派のような攻撃的急進主義に共鳴する傾向を示す。

この分析をやや思弁的に拡張して、ヴェスターの区別を生涯学習の点で人口の異なる部分の間にあてはめてみるのも役立つかもしれない（図1）。

これは軽量級の学習なのか

一九九〇年代のスポーツと余暇の動向を概観して、イアン・ヘンリーは「個人主義、私化、社会的二極化の増大という構図」をみてとる（Henry, 1999, 287）。同じことは、批判者からずいぶん嘲笑を浴びた、膨大な新しい成人学習にもあてはまる。たとえば、イングランドのある著名な成人教育家は、文化遺産産業を「小文字の歴史」の「悪意に満ちた」形態であるとして攻撃した（Fieldhouse, 1997, 5）。また、新しい成人学習は、より実質的なものや、より目的にかなったものをことごとく犠牲にした、「テクニック信仰」の表れであると示唆する人たちもいる。この信仰は私たちのもっとも親密な時間にさえ充満している。すなわち、「われわれはセックスのしかたを知るために本に頼り、その結果としてセックスが主としてテクニックとみなされるようになる」（Barrett, 1979, 25）。しかもこの批評は力を失っていない。しかし、この反射的な拒絶は肝心な点をはずしている。一九四〇年代以降、経済活動や社会的価値が変化した正真正銘の程度は、「真の学習」と「瑣末な学習」の間の古い境界があいまいになってきていることを意味する。すなわち、過去に瑣末にみえた多くのことは、私たちが流動的な社会的関係やますます不安定な経済に対処するようになるにつれて、新しい意義をもつようになる。確実性が仮の知識に取って代わられるという傾向がますます強まるに伴って、成人のアイデンティティにも流動性が増大している。軽装の学習、不確実さと折り合いをつけて生きる能力、私的・個人的なことに対する先入観は、バウマンがポスト・モダンの特徴とみなす、流動的なアイデンティティに相当するものである。彼はこう書いている。「たいていの個人の人生の旅程は捨てられ、失ったアイデンティティをまき散らされているものだ」（Bauman, 1998, 28）。一部の人たちにとっては、新しいことに対処したり、不確実なことを波乗りのように切り抜けていく能力はそれ自体、自己を定義する重要な特徴である。ロウイ・トラバーグ・シュミットは、ニュー・テクノロジーによって提供される教育プログラムが「新しいメディアに惹き付けられる開拓者タイプ」を引き入れる事情に注目している（Smidt, 1999, 44）。

もちろん、こうしたことのいっさいは既存のフォーマル・セクターに対して何らかの帰結をもたらす。新しい成人学習に背を向けるよりもむしろ、既成の提供者は学習者の期待を満足させることに向かう道の半ばにあるようにみえる。これは生き延びるための基幹戦略となっている。タイチー、ラインダンスなどの動向を察知する能力は成人教育プログラムのマネジメントにとってきわめて重要である。暖かさやユーモア、コツ（tact）といった個人的資質が成人教育指導者にとっては不可欠のツールである。参与観察を用いて行われた、一九九〇年代初頭の二つの成人夜間学級に関する研究によれば、学生を楽しませる指導者の能力が学生数を維持するうえで中心的な役割を果たすことが明らかになった。ある外国語の学級では、「楽しさと、楽しさを生み出すメカニズムが学習自体よりもはるかに優勢になっているときがあった。しかしながら、フランス語2の学生募集は三学期にわたって続けられた」という（Salisbury and Murcott, 1992, 564）。こうした傾向は、家庭に根ざした娯楽の経験から、テクノロジーが学習者にとって日常的に馴染みのある、ITに基づく学習ではさらにはっきりしている。ある有数の国立博物館が一九九七〜九八年の冬に、同館のウェブサイト利用状況を分析してみると、訪問者の数が急激に上昇して、一九九八年の二月には二万三千を超えた。ところが、毎月の平均的な訪問者はそのホームページにたどり着いた後、たかだか一つか二つ他のページを見るだけであった。教育のページを訪問した人は一〇分の一以下であった（Thomas and Paterson, 1998）。

訪問者の目を引きつけ、そこに立ち止まらせるために、教育パッケージは楽しませるという以外に代わりの方法がなかった。このことを理解して、イリノイ州ノースウェスタン大学の理科学習研究所所長はスタッフが学習教材を工夫するように奨励した。「私たちは学校よりもむしろ家庭でテレビを観ている生徒たちのためにロード・トリップ（地理のプログラム）を設計した」（Shrank, 1994, 5）。教育と娯楽がお互いの衣装を借りあうようになるにつれて、新しい成人学習がそのインパクトにおいて部分的に軽量級で、表面的で、一時的なものになることは避けられない。こうは言っても、新しい成人学習が成人教育・訓練の提供者に重大な異議申し立てをつきつけるものではないと言っているのではない。既存の成人教育・訓練提供者がこうした動向を無視するならば、かれらは事実によって乗り越えられるだろう。かれらは知識の瑣末化を結託して進めているのかもしれないのだ。

私たちはすでに学習社会に身を置いている。この章で、私は職業的生涯学習については一瞥する程度の触れ方にとどめようとした。それはたんに著名な評論家のなかには、生涯学習や学習社会といった概念は労働や競争力にばかり取り憑かれて、より一般的で包括的な定義を排除していると抗議している人たちがいる、という理由からである（Coffield, 1999; Tight, 1998b）。もうしばらく労働の世界を無視するならば、より多くの人々が、より広い範囲の組織的学習に加わっていると言うことができるし、より多くの学校教育終了後の教育機関が成人学習に手を差しのべていると言うことができるし、そしてまた、今や私たちのインフォーマル学習が、不十分にではあれ、私たちの個人的アイデンティティや親密な関係といった根本的な問題を扱おうとしていると言うことができる。さらに付け加えれば、今やこうしたことが私たちの生活方法を定義する特徴となっている。ギデンスやベックが後期近代の反省性について語るとき、またマニュエル・キャステルズが情報社会について書くとき、かれらはこの現代世界を個人にとっても集団にとっても学習が主要な資源となった世界として定義する。私たちの人生を「生涯にわたって学習する主体」(Dumaazadier, 1995) として航海することによって、私たちは、かつて自分の身体的特徴や言語スキルや性のテクニックや家族関係の扱い方を所与のものと考えた人々とは異なる人生を生き、異なる意味を人生に付与している。

政策的議論の水面下には、社会・経済的変化のはるかに実質的なプロセスが進行している。ここで私は、学習社会が経済的要因だけで推進されるというよりもむしろ、個人の価値、社会関係、生活パターンといった、より広い文脈における変化によって推進される度合いを強調しようとした。レベルを下げるといった単純なプロセスとはまったく違って、新しい成人学習は深い社会的大転換を反映したものである。それは反省的近代化と個人主義に向かう傾向との、より広いプロセスを典型的に示し、その基幹的な部分でもある。生涯学習の好機と興奮について――そのリスクや危険性ばかりでなく――理解しなければならないのは、こうした社会・経済的変化の、より広い文脈においてである。

第3章　学習経済

仕事は変化しつつある。それは、複雑で不均衡なやり方での変化であるが、変わりつつある。かつてすべての工業経済、農業経済における主力を形成していた肉体労働は、著しい衰退過程にあり、とりわけ不熟練肉体労働においてその傾向が顕著である。その一方で、サービス業の規模は拡大し、重要性が増している。製造業の残存する中核的な分野では、新しい生産方法により労働力の個人責任と自主性が以前にもまして必要とされ、他方で、伝統的なスキルは解体しつつある。そして経済全体を通して、高度なフレキシビリティと適応力が大多数の職業での共通の特徴となっているようにみえる。経営管理者にとって、品質と生産性を維持するために全労働力の訓練と能力開発に配慮することがますます重要になっている。労働者にとっては継続的雇用が「労働人生の長い時期にわたって学習するレディネス」にますます依存するようになり、「個々人が独自に大きなリスクを負いつつ自分自身の職業能力を律しなければならない事柄」になっている（Alheit, 1994, 85）。

多くの人が、以上のようなプロセスを、知識のうえに築かれた新しい社会秩序を先導するものとしてとらえてきた。一九七〇年代以降、高学歴の情報サービス労働者に主導されたポスト工業化経済秩序という考えをめぐっての論争が行われてきた(Bell, 1973)。第一期クリントン政権で労働長官を務めたロバート・ライシュは次のように主張した。つまり、たとえある特定の経済部門で高学歴の知識労働者が量的に多数を占めていなくても、中心的な役割は、今日かれが「象徴的アナリスト」と呼ぶ、情報の加工と処理を担当する労働者によって常に担われている、と(Reich, 1993)。この説明は潜在的には遠大な含意を有しているので、現代の社会民主主義者の「第三の道」的思考の中心的な要素となっている(Giddens, 1998)。トム・ベントリー——第三の道政策に大きな影響を及ぼしたイギリスのシンクタンクの所長——は、「われわれはもっとも生産的な資源が知識であるような時代に突入しつつあり」、その結果、ヒエラルキー的というよりネットワーク的で「命令や管理を通してではなく協働を通して調整される性格をもつ」新しい労働の分業が出現しつつあると主張した(Bentley, 1998, 101–2)。

しかし、この見解は反論を惹き起こすことになった。一九七〇年代初め、ハリー・ブレイバーマンは新しい技術と生産方法は労働の知的要素を増すどころか、現実には仕事を脱スキル化しつつあるとの説得力のある議論を展開し、それ以降、かれのこうした懐疑的見解は多くの批判的論者によって擁護された(Braverman, 1974; Gorz, 1994 をも参照)。その他にも、変化の足跡をとらえて憂鬱になるほど否定的な結論に至る論者もいた。リチャード・セネットにとって、新資本主義における労働は労働者がもはや確たるアイデンティティを置くに足りるじゅうぶんに安定した社会的・倫理的な拠り所を提供するものではないと映る。新資本主義はその結果として「性格の腐食」に陥るというのである（Sennet, 1998）。

生涯学習をめぐる言説で経済的関心が重要な位置を占めていることを前提にすれば、これらの関心が生まれてくるコンテキストを検討することが大事になってくる。私たちはスキル革命の入り口に差しかかっているのであろうか。労働が移動可能性をますます帯びつつあること、もしくはもっと移動可能な労働者が必要になっているということ、これらはどの程度真実なのであろうか。現在の労働市場の発展に関する事実を概観しながら、本章は、政策立案者には変化の程度を誇張する傾向があったものの、学習経済という言葉がいまやそれ自身の弾みがついていることを結論づける。ただし、こうした弾みは、その言説がこれまでの章でみてきたような個人主義や反省性、消費生活の富裕化に向かう傾向などのその他の支配的な傾向と部分的に符合しているために生じているのである。生涯学習をめぐる言説の多くは、これらの社会的・文化的関心を避け、もっぱら狭い範囲の経済的な論点に限定している。

職業構造の変化と変わりゆくスキル構成

現在の仕事はかつての仕事とは異なっている。一九七〇年代にはすでに顕在化していた製造業の衰退はそれ以降も容赦なく続いている。脱工業化の進展と併行してサービス部門の職業の増大がみられる。二〇世紀の後半の五〇年で、イギリス経済は製造業と農業でおよそ五百万人の仕事を喪失し、一方で、サービス業でおよそ八百万人分の仕事を新たに得た。一九九〇年代の後半で全雇用者のほぼ四分の三がサービス業で働いており、製造業は四分の一を占めるにすぎない。農業部門の雇用者にいたってはわずか二・三パーセントである。今後もこの傾向は続くと考えられる。つまり、将来新たに創出される職業の一〇分の九がサービス業であると予測されているのである（Armistead, 1994）。同じ傾向は、その程度はさまざまであるものの、オーストラリア、ニュージーランド、北アメリカ、他のヨーロッパ諸国、さらには日本でもみてとれる。

表1　職業構造の変化，1981-2006年
（当該職業グループの労働力数，単位千人）

	1981	1996	2006
経営管理職	2,993	4,363	5,023
専門職	1,854	2,525	3,265
準専門/技術職	1,776	2,428	2,923
事務職	4,285	4,033	3,945
手工業関連職	4,141	3,317	3,074
対人・援護サービス職	1,674	1,904	2,058
販売職	1,683	2,572	3,353
工場・機械作業職	3,023	2,498	2,584

出所：Wilson 1998, 15　（2006年の数字は雇用研究所による予測）

表1から、上のことが何を意味するかがある程度詳しく明らかになる。一般的に、もっとも拡大したのは専門職もしくは技術水準の高い職業である。イギリスでマネジメント部門の職の数は、対人・援護サービスの職の数と同じく、一九八一年から九六年にかけて五〇パーセントほど増加した。準専門職や技術職も専門職従事者と同様に三分の一ほど増加している。一方、もっとも大きく減少したのは肉体労働職と不熟練職である。八一年と九六年の間に熟練肉体労働者の数はおよそ五分の一ほど減少し、工場・機械作業職の数は六分の一ほど減少した。秘書職と事務職もわ

ずかではあるが（六パーセント以下）、減少している。

また、今日の労働力構成に占める女性の割合も大きく伸長してきた。ただし、イギリスは労働市場に占める女性の割合については必ずしも典型的な例ではない。たとえばイギリスでの労働年齢にある女性の三分の二が何らかの種類の有償労働に就いているが、この割合はスカンジナビア諸国よりも低い。もっとも、イギリスの割合はオーストリア、ベルギー、フランス、ドイツ、オランダよりも高く、アイルランド、イタリア、スペインよりもかなり高い（OECD *Employment Outlook*, 1993, 7）。イギリスの女性労働の詳細は表2に示されている。項目としてあがっている職種にあって、急速に減少している工場・機械作業職を除いて、女性雇用労働者の割合は八一年から九六年にかけて増加している。とくに、全体として量的拡大の著しい四つの職種部門での女性の割合が増加している。

表2　（女性）職業構造の変化，1981-2006年
（当該職業グループの労働力数に占める女性の割合，%）

	1981	1996	2006
経営管理職	23.5	35.5	39.5
専門職	32.2	40.9	42.7
準専門/技術職	44.7	52.3	54.4
事務職	72.2	77.7	76.7
手工業関連職	10.8	11.6	11.4
対人・援護サービス職	62.6	67.1	69.0
販売職	60.6	68.0	72.1
工場・機械作業職	12.5	9.8	9.3

出所：Wilson 1998, 15（2006年の数字は雇用研究所による予測）

ここで、職業構造の変化の程度もしくは方向を誇張してしまう危険性を避けるためにも、いくつかの限定について言及しておくのが有益であろう。第一に、いつもそうなのであるが、単調な統計数字の取り扱いに際しては細心の注意を払う必要がある。いわゆるサービス部門の職種の増加の大部分は分類方法の変更によるものである。つまり、以前には製造業部門の職種として扱われていたものが、分類方法の変更によってサービス部門の職種として分類されるようになったのである。これは以前には企業内で行われていた仕事がアウトソーシングや外注化などのリストラ過程の一環として大部分生じたものである。

第二に、サービス部門の雇用は自動的に知的労働に従事していることを意味しない。サービス部門の雇用の多くはけっして高スキルの仕事ではない。「マクドナルド職」(McJobs) という言葉が、外食産業だけでなく小売業、保安、清掃、私的ヘルスケアにおける定型的なサービス職を意味するための造語として生まれたほどである (Ritzer, 1998)。たとえばイギリスにおいて一九九〇年代に新しく生まれた仕事の多くがホテル、外食産業のような分野もしくは家庭内やその他の清掃サービス業として登場してきたが (Keep & Mayhew, 1999)、その大部分は定型的でテーラー主義的であるとさえいえるような形態の仕事であった。

第三に、フレキシブルな雇用形態の職業で圧倒的な拡大がみられたことである。イギリスでは一九八〇年代半ば以降、一時雇用の (temporary) 従業員の割合が増したが、その傾向は九〇年代に入ってますます加速されている。男性の一時雇用の割合は女性のそれよりも急速に拡大しているが、一時雇用の仕事に従事する女性労働者の割合は男性よりも大きい (Purcell, 1998, 71–2)。イギリスにおけるパートタイム雇用の拡大パターンは一時雇用のそれとは対照的に、サービス部門の女性の職業に大部分が集中している。これらが、製造業からサービス業への転換の結果としてスキルアップがみられるというあまりにも単純なモデルに対する重要な限定である。しかしたとえそのような限定があったとしても、サービス業は職業構造が変化してきた程度、また変化しつつある程度を加速することになる。

職業構造の変化が一つのイシューであるが、それと並んで重要なのは、職業、雇用上の地位、部門、産業そしておそらく労働市場でさえも、それぞれのなかでの境界線が曖昧になりつつあることである。イギリス政府のある諮問委員会は「多くの職は事実上何らかの職業上の明確な規定を失ってしまい、特定の複数のスキルに裏打ちされた一般的な名称を得るようになった」とさえ論じている(National Skills Task Force, 1999, 81)。そのようなフレキシブルで複雑な仕事へと従業員を訓練することは数多くの課題を課すことになる。調査研究者は繰り返し、経営者が、新しいタイプの仕事に必要とされる適用性と包括性を支えるような広範囲で一般的な能力よりも、範囲が狭く企業特殊的(plant-specific)なスキルのほうを一貫して追求しているという事実を見出した(Elger, 1991, 55)。さらに、これらの新しい職種は新しい職業が突然出現してくることによって生まれるのでなく、一つか二つの特別な課業(tasks)を付け足すことによって生まれてくる(Thompson, 1998, 226)。その一例は多くの組織での秘書職の役割が進化していることである(DfEE, 1999c, 16-7)。コンピュータリゼーションの進展により多くのチマチマした課業が減り(そしてまたその他の労働者がかつては特別な秘書的な課業と考えられていたものを自分で遂行するようにした)、秘書はスプレッドシートの管理やデスクトップ・マネジメントなどの多くの新しいスキルを遂行するようになっている。本書の目的にとってより重要なのは、秘書が内部でのＩＣＴトレーナーや援助デスク作業者としての重要な役割を、たとえそれらがインフォーマルな役割であり、往々にして認められることはなくまた大部分それに対して報酬が与えられないとしても、ますます担いつつあるということである。

多能工化は、境界線が不明確になっていることの一つの帰結である。専門職はますますチームで作業することが必要になっており、メンタルヘルスの専門家のためのガイドブックが次のように指摘しているように、自分の知識やスキルを集団的な方法でプールするようになっている。「マルチ・ディシプリンなチームは、専門職の間での知識や専門化の急速な進展と、多くの問題の相互関係や消費者に及ぼす個々の断片的なサービスの影響を調整する方法を提供する」(McGrath, 1997, 1)。しかし、こうした過程——それは幅広い産業に共通してみられる——が、それ自体、チームワーク、コミュニケーションとリーダーシップのスキルに対する新しい要請を生む。これらのスキルは必ずしも習得が容易ではないし、一つの問題に対するスキルが他の問題に適用可能というわけではない。つまり、ここで関係することは、必ずしもメンバーが不変で、永続的・安定的なものではないチームなのだ。そのチームは穏やかな連携関係を通して特別な任務を遂行するのであり、一つのチームにとって有効であったことが次のチームにも有効であるとは限らないのである。

規制がもう一つのファクターである。環境規制、保健・安全に関する法令、食物衛生規制、これらすべてが基準設定のための訓練を必要とし、経営管理者その他が最新の立法措置の意味を十分理解しようとすると、そこに往々にして新たな訓練ニーズが生まれる。ある経営管理者は規則を曲げたりコストを下げることをインフォーマルに学ぶであろう。通常それはある経営管理者から別の経営者へ伝播していく。品質基準はこうした広いカテゴリーの一つである。つまり、ISO（国際標準規格）9000シリーズの品質基準やISO14000シリーズの環境基準への登録の条件として一連の訓練が必要になっている。そしてこの傾向は製造連鎖の川下の企業にも反映され、それらの企業は基準設定のための訓練を従業員に課することを要請される（Rothery, 1995）。購買者も供給者がオンライン取引に転換するか、あるいは、おそらく数カ月以内という限られたタイムリミットで新しい品質基準を達成するように主張するであろう。そのことにより、供給者は大規模な訓練を含む集中的な改変プログラムに着手せざるをえなくなる。もしそうしなければ契約を失うというリスクを負うことになるのである。多くの専門職の人々は、職能団体への登録継続の一条件として継続的に専門職能力開発に努めなければならなくなっている。たとえばイギリスの看護師は、三年間で少なくとも三五時間の組織的学習に従事したという証明書の提出を期待される（UKCC, 1992）。これらの形態は広い範囲におよぶ訓練の強制への圧力の一部であるが、それは雇い主もしくは従業員によって定義されたスキルもしくは仕事に関連した知識を改善するためというよりは、第三者からの要請に応えるものである（こうした傾向に関する詳しい議論については次章を参照のこと)。

市場の状況もまたスキルへのニーズに影響をおよぼす。組織もしくは個人を問わず、消費者は自信にあふれ、また要求水準が高くなっている。個人レベルでは、洗練され価格に敏感な消費者は高い水準のサービスの利用可能性に自覚的である傾向がみられるといわれている。そのような消費者はまた移り気である(promiscuous)といわれている。たとえば一九九六年の一年で五人に一人の消費者が行きつけの生鮮食料品店を変更した(Reynolds, 1998, 38)。ファッションもまた学習環境に直接に影響する。全国配電業協会が一九八九年に「徒弟」という用語の使用をやめたのは、上級スタッフが、若い人は徒弟の地位を旧態依然としたものとしてとらえそのために応募を思いとどまっていると考えたためである。同時に皮肉なことではあるが、非製造業で徒弟という用語が導入されたのは、じつにそれが馴染みのない名称であったためにほかならない(Unwin, 1996, 60)。つまり目新しさとファッションが、職場における学習においても仕事に関連していない学習と同様に一つの役割を果たしているのである。しかし、その重要性は消費者の期待のより広い拡大パターンと関係している。その期待の拡大は往々にしてすすんで法的手段に訴える姿勢に裏打ちされており、こうした事情からもまた適応性、フレキシビリティ、広範囲におよぶ職業的スキルが重要視されることになるのである。

イギリスの労働力に関するダンカン・ギャリーの研究は、非管理職従業員に関するかぎり、一九八〇年代後半と九〇年代初めにスキルの一般的向上がみられたことを確認している。しかもこの向上は単にリストラや肉体労働の職種の犠牲の上に生じた管理的職種の増加の結果ではない。スキルの上昇が多くの職種で生じたのである。その過程は現在の仕事の再編成と関係している。ガリーは、すべての職業でスキルを向上させる必要性が増したと報告している従業員が同時に「課業の自由裁量性」(task discretion) が増したと報告していることを示した。かれは課業がより複雑になるにしたがって、雇い主は個々の従業員の判断に依拠せざるをえなくなっていると結論づけている (Gallie, 1996, 138–9)。

したがって、全般的に、仕事と仕事組織の性格上の変化に促されて、スキルアップとフレキシブル化に向けた広範で多様な圧力が存在するのである。ただし、こうした圧力が経済全体で均等にみられるわけではけっしてない。多くの企業にとって脱スキル化 (deskilling) のほうが魅力的な展望を提供するかもしれない。というのはそれがコストのコントロールもしくは削減の戦略により適合的であり、こうした戦略が今度は価格にもとづく競争を支えることになる。この戦略は、価格が消費者にとって特別に重要な関心事である産業部門や国にあってはとりわけ有望であるように考えられる (Keep and Mayhew, 1999)。しかし、その他の産業部門や国ではこの主張はそれほど説得的ではない。多くの政策担当者や企業は (そしておそらくは選挙民も)、低いコストと低いスキルの同一視を容認することよりも「知識経済」を優先するであろう。この経済は「高いパフォーマンスの職場」に立脚するものであり、職種の違いを超えての全労働者に対するスキルと知識への不断の再投資を必要とする (OECD, 1996)。この目標は一見したように望ましいものなのであろうか。もしそうであるならば、どのようにすればそれを実現できるのであろうか。

学習企業

永続的なイノベーションと不安定でひじょうに競争的な市場、新しい技術とフレキシブルな専門化――これらに対して企業や労働者はどのように対応すべきなのであろうか。とりわけ、こうした一群の変化が職場における仕事のための学習にどのような影響を及ぼすのであろうか。いわば重力のない経済が無知ではない人的資源を学習に従事させるような方法が存在するのであろうか。

仕事の変化は単に技術によって促進されているわけでなく、職場の新しい組織編成、規制方法によっても促進される。広い観点でみると、これはこれまで支配的であった「フォーディズム的」管理モデルから、よりオープンで相談的なアプローチへの幾分か不均等な動きとしてとらえられることがある。経営上の慣行に関する支配的な学派は、通念となっている組織理論と関連をもっている。ポール・トムソンはこれをマックス・ウェーバー――官僚制と組織をめぐる古典的な社会学者であり組織的行動をめぐる考え方に多大な影響を及ぼした――の遺産として説明している（Thompson, 1989, 25–7）。複雑な組織において労働者を組織化していく戦略として、このアプローチはしばしばフレデリック・W・テーラー――組立工程生産の理論家――の先駆的な管理手法と関連している。マルクス主義的な観点からはテーラーの管理理論は、主として「ますます巧妙な労働過程のコントロールを含む社会生活の新しい分野への規制の拡大、支配階級による新しい情報と知識の蓄積、そして、その結果としての社会形成の全域を通しての資本の権力の拡大」と関連している（Schwarz, 1985, 202）。

このアプローチは、経営管理者を本質的に組織管理における高度なスキルをもったスペシャリストとしてとらえる。かれらの仕事は企画（思考、革新、デザイン）と実行（組立、流通、販売）の厳格な分離に立脚して、労働の合理的な分業の監視者として行動することとされる。

ポール・トムソンによれば、より最近のアプローチは、仕事組織に関するネオ人間関係学派と呼ぶことができるであろう（Thompson, 1989, 18）。このアプローチを採る人々は、マズローとハーツバーグの人間主義的社会心理学に依拠しつつ、テーラー主義がかつてもっていた理論的根拠を多かれ少なかれ失ってきたと考える。この学派は労働者を生産のほとんど受身的な要素として扱うのではなく、その他の人間の活動と同じように、仕事における自己実現、地位や帰属に関する人間の固有のニーズを強調する。このような欲求を活用するために、また、より高い生産性と関与に結びつけるために経営は変わらなければならないのである。このアプローチの典型的な研究成果は学習組織の理論のような考え方で代表される（Argyris and Schön, 1978; Handy, 1994）。

二人のデンマーク人経済学者が、技術、組織、市場における近年の変化は訓練と人間開発の戦略が大きく変革されなければならないことを意味していると主張したが、このことは議論の進展に大きく貢献した。「学習経済」では、次のようになっている。

第一に、より多くの人が学習過程に参加する必要性が増す。急速で効率的なイノベーションの過程は企業のすべての階層を巻き込むに違いない。第二に、多能工化とネットワークのスキルが決定的に重要になっている。第三に、学習することと、学習したことを生産・販売過程に適用することが現代企業の存続するうえでもっとも重要な事柄である。経営スキルは、相互の学習を刺激する手順とルールの確立に関連するようになっている（Lundvall and Johnson, 1994, 25–6）。

これは、これまで支配的であったアプローチに比べて、仕事に関連する学習に対する全体論的（holistic）アプローチを意味している。それはまた、潜在的に有益なスキルもしくは一定の知識と考えられるものの要約的・包括的な定義である。しかしこのアプローチは、より根源的には、企業がもし生産性と適応を刺激するだけでなく継続的な学習を育むような労働環境を提供することができた場合に、換言すれば職場そのものを再編成し、新しい知識、スキルの獲得と分かち合いを積極的に重視する場合に、もっとも成功することを示唆する。

ここから学習組織というコンセプトの重要性が生まれてくることになる。このコンセプトは一九九〇年代初めに人的資源管理の研究者、実務専門家の双方に好意的に受け止められた（Jones and Hendry, 1994）。しかしそのルーツははるか以前、おそらくは一九二〇年代、三〇年代の産業管理上の人間関係学派や、行動学習に関する研究が大きな影響力をもったレグ・レヴァンスからクリス・アルギリスにいたるような人間主義的管理理論家（Revans,1982; Argyris and Schön, 1974）

にさかのぼることができる。一九八〇年代と一九九〇年代初頭に訓練と企業の業績や競争力との関連への関心が高まり、人的資源管理者は、労働生活を通して全従業員が新しいスキルと能力を得られることを奨励することによって企業組織の恒常的な改善と変化のキャパシティを最大化するという考えに傾注していった。ジョーンズとヘンドリーにとって、このことは企業の出発点が以下の点にあることを意味している。企業が、「組織およびより広いコミュニティのニーズとリンクして、リーダーシップ、権限、イニシアティブの委譲と個人の能力開発をめぐる問題を重視しつつ変化へのニーズを認識することが出発点である。それに続く移行は『心構えの転換』を含むことが多い」(Jones and Hendry, 1994, 160)。

要約すれば、その意味は革命的といってよいほどのものである。したがって、当然のことではあるが容易な選択肢ではなく、ごく少数の組織だけがこの路線をかなりの程度追求しているにとどまる。

実際にはこのコンセプトを採用している企業はどこにあるのであろうか。一つの接近方法は企業大学校の創設であった。それは当初は訓練部門を改名したにすぎなかったが、その後、企業学習へ向けたより広い基盤に立つ戦略的なアプローチとなった。より最近では組織内の一連の知識を管理、分配する一つの方法となっている。企業大学校は伝統的大学システムへの脅威として受け取られたため、新聞などで取り上げられた(Hague, 1991, Jarvis, 2000)。しかし、少なくとも近い将来に企業大学校が現存の大学に取って代わるというよりも、それらと共存することが予想される。一九九八年にダイムラー・ベンツ大学校が創設されたときの課程には、香港大学での五日間のサマースクールが含まれていた。その他の協力大学にはハーバード・ビジネススクール（同校の学長がダイムラー・ベンツ社の評議員会のメンバーとなった）やローザンヌ経営開発研究所などがある（Füller, 1998, 13）。

一九九九年までに全世界で一二〇〇の企業大学校が設立されていたと言われている。その多くの学校にとって、通常の定義による高等教育はその活動のマイナーな部分でしかない。それよりも企業大学校は一般的に学習に向けた態度の変化を促す試みを代表していると考えたほうがよい。ユニパート大学校が格好の例を提供している。一九八七年にブリティッシュ・レイランド部品工業の買収によって設立されたユニパートは、一〇年後には自動機械産業のなかで、またそれを越えた一連の事業拡大に取り組んだ。ユニパート大学校は一九九三年にすべての傘下組織のコアとなる学習センターとして設立された。それはすべての関係従業員を対象にし、次第に、部品供給連鎖の一環を構成する小規模企業のようなその他の利害関係者（stakeholder）にまで対象を広げていった（Millar and Stewart, 1999）。

ローバー・グループはユニパートとはきわめて対照的な事例を提供する。ローバーは国有企業のブリティッシュ・レイランド社の後継企業をもとに一九七〇年代に創設された。二〇〇〇年にBMW社に売却されたときの全従業員数は七〇年代の一〇分の一に減少していたが、それでもイギリスにおける最大の自動車メーカーであった。一九九〇年にローバーはそれまでのグループの訓練部門を廃止し、新たにローバー学習ビジネス（ＲＬＢ）と呼ばれる企業を設立した。同社は、将来の業績復活のための企業戦略の要として、全社的な学習の確立をめざしたのである。ＲＬＢのスローガンは「人々の力による成功」（Success through People）というものであり、それはヨーロッパ自動車産業が直面していた課題に対して採用した中心的なアプローチを如実に示している。ローバーはついに長い紛争の歴史に終止符を打ち、浮上したようにみえた。事実、同社は一九七〇年代には悪化した労使関係と低い生産性の典型企業であった。同社を引き継いだ企業経営者のもとで多くの対策が職場の生産性を上げる目的で試みられた。それには、一九八〇年代初めのドラスティックな人員削減策や大多数の従業員を対象とする学習計画の導入、また、内部コミュニケーションの新たな重視などが含まれていた。特筆される転換点はブリティッシュ・エアロスペースによる買収であり、それにより、摩擦の少ないスタイルの労使関係と同時に将来の一連の明確な目標設定に向けた動きが加速されることになった。ある上級人事マネージャーによるとそのときの雰囲気は「爽快であり、もちろんかれらと一緒に仕事をすることはエキサイティングであった。と同時に私たちは大臣を喜ばせるために努力しているのではなく、私たちがなすべきことを知っており、それが誰のためなのかも知っていた」（インタビュー、一九九九年一一月一五日）。同社会長であるサー・グラハム・デイが一九九〇年五月にカントレーでローバー学習ビジネスを創設した時、同社は現存の能力開発に基づきつつ、多くの従業員が望んでいたような新しい――よりスマートで協力的な――時代のスタートを打ち固めたのである。

ＲＬＢは当初から組織の脱階層化（delayering）をはかり、チームワークを重視する考えを確固としてもっていた。ラインのマネージャーは従業員の学習、訓練のニーズの計画と優先的取り扱いに直接に責任を負っており、会社は全従業員が長期の雇用価値（employability）と並んで自分たちの直接的な学習にも自ら責任を負っていることを強調した。さらに、同社は現行の工場レベルのオープン学習センター（これは後に能力開発関連センターに改称された）のネットワークを増強した。同センターでは従業員および後には部品供給業者やディーラーが学習素材を用いたり試用したり借用したりすることが奨励された。会社は一九九〇年にはまた従業員の能力開発プログラム――ローバー従業員学習支援プログラム（ＲＥＡＬ）――を創始したが、その内容は個々の従業員が仕事に関連しない学習、能力開発プログラムに年間一〇〇ポンドを支出できるというものであった。一九九八年までにおよそ二万の学習機会がＲＥＡＬによって支援されたが、そのうちの一二〇〇は外国語の学習であった（Rover Group, 1998）。ＲＬＢはその最初の行動の一環として『個人の学習は報われる』（*Personal Learning Pays*）というタイトルの書籍／テープのパッケージを出版したが、それは加速的学習の原則を用いてローバーの労働者がもっとも好む学習を確立しそれを実践することを奨励するものであった。労働者はとりわけ自分たちが能力があり、成功を収める学習者であることを自覚できるようになることが想定された。ある点では、そのテープはそれを聞く人がリラックスするように考えられていたが、そのため催眠状態に陥る可能性があった（運転中もしくは機械を作動中にテープを聞かないようにという警告が出された）。このパッケージは工場の学習センターで利用可能であったが、それを手に入れる前に労働者はラインマネージャーからの支持を取り付けなければならなかった。最初の一カ月でおよそ六千人が『個人の学習は報われる』のコピーを所望したといわれている（Oxtoby, 1999）。ローバーは後に個々の従業員に、向こう一年間の個人の能力開発計画と達成内容を記入する「学習日記」を発行した。ローバーのやり方は、従来の訓練モデルとは異なって、個々の労働者が自分自身の学習能力をコントロールし、また、自分でそれをモニターすることを重視したのである。

ミシェル・フーコーの言葉を借りれば、これは実際、一種の自己サーベイランスである（Foucault, 1989）。そこでは多くの従業員がかつては経営の専門職能であったものを実行している。しかしこのことは、将来の自己が有能、柔軟で熟達しており予想できないような新しい要求に対処できるという信号を他人にまた自分自身に送っていることに他ならない。それはまた学習への不断のコミットメントが、企業文化の変革と、ローバーが長い年月で初めて利益をあげるようになったことが示しているように、業績の変革に貢献していることの例示となっている。一九九〇年代末、同社は次のように見解を明らかにした。

ローバー・グループは、従業員を通した成功達成のための明確な方針と戦略をもっている。それはチームワークと関与、個人の能力開発の機会を最大化することによってもたらされる。従業員戦略を通して成功裡に行った投資は、巨額の企業収益を生み出した。そして私たちの組織の同僚たちは、自分たちの貢献を評価され認められたと感じている（Rover Group, 1998）。

たしかに、二〇〇〇年頃の状況は一九八〇年はじめの企業から引き継がれたものとは非常に異なるようになった。当時は労使関係上の問題から派生したストライキによって年間総労働時間の約六パーセントが失われていたのである。

ローバーのやり方は、広範囲に及ぶものであったこととそのビジョンゆえに、経営者と経営専門家双方からの絶賛を浴びた。国内の賞および国際的な賞があるなかで、世界生涯学習推進協会（the World Initiative in Lifelong Learning）は、一九九七年、グローバル学習組織賞をローバー・グループに与えた。二人のきわめて高名な研究者がローバー社を「おそらくどの企業にもまして学習の組織化と『学習実験室』的な環境の創出に真剣に取り組んだ組織」と評し、また、その業績を「どのような基準を用いても驚くべきもの」であると総括した（Matthews and Candy, 1999, 55–6）。しかし結局、学習企業の考え方はドイツ企業への売却を断念させるほどには説得的ではなく、そして所有権の移転の結果、経営の期待の変化がその後に続くことになった。一九九四年にブリティッシュ・エアロスペースはローバーをＢＭＷに売却したが、その二年後新しい企業所有者はローバー学習ビジネス（ＲＬＢ）を閉鎖し、以前のグループ訓練、能力開発部を復活させた。この部の名前が選ばれた理由の一部はそれがスキルとボトムの層を重視しているように新しい所有者には思えたことであった。さらに、モデル学習企業としての一〇年の歴史があったものの、ローバーの企業業績はそれほど目覚しいものではなかった。たとえば、一九九八年の破滅的な金融上の損失により、イギリス政府からの大掛かりな支援パッケージを受けるという約束が交わされた。欧州委員会が、このことはBMWがイギリス工場を閉鎖しないようにするための補助策にあたるという主張を調査する一方で、会社のほうはより一層の規模縮小プログラムに乗り出した(Wighton and Burt, 1999)。あるローバーのマネージャーによれば「いろんな種類のプレッシャーがあったが、今回は人数の削減がすべてであった」(インタビュー、於・ソリハル、一九九九年一二月一二日)。一九九九年の後半期にローバーのロングブリッジ工場の従業員数は一万四千人からちょうど九千人に削減された。ファイナンシャル・タイムズ紙はローバー社関連のおよそ七万五千人分の仕事が二〇〇五年までに失われるであろうと予測している。しかしそれでもBMWはローバーの所有を続けることに納得しなかった。モデル学習企業は粉々に分割されたのである。

したがってある意味ではローバーの事例は学習だけでは十分でないことを物語っているといえる。学習企業のモデルは一〇年経っても競争力をもてなかったし、新しい企業所有者とビジョンを分かち合うこともできなかったのである。その結果、同社は、雇用の維持と引き換えに労働者がフレキシビリティと適応性に全力を傾けるという内容の心理的な契約を提示することができなかったのである。もちろんこの顛末をめぐる別の解釈もありえる。もっとも説得力に富む説明は、急速に進むグローバルな市場にあって訓練と能力開発だけで企業の存続を図れることは非常に稀であるということを強調する。競争的な戦略はその他の一連の要因に立脚して打ちたてられることが可能になる。そのひとつの要因が価格であり、一例をあげると、その価格によってイージー・ジェット（easyJet）社は英国航空（同社はローバー社と同じように従業員訓練の質と範囲のゆえに表彰されたことがある）のシェアに食い込むことができたのである。もう一つの要因は流行の変化であり、これはマークス＆スペンサー（少なくともスタッフ・訓練への関与の観点からはモデル経営者である）で起こったように、特定ブランドの商品に対する需要の劇的減退の引き金となる。つまり、マークス＆スペンサーのブランド・イメージは、一九九〇年代後半には、明らかにイギリスの顧客にとってあまりにも身近で所帯じみたものになりすぎたのである。多くの上級マネージャー自身が訓練と能力開発にそれほど重きを置かなかったとも主張している。一九九九年の調査によれば、企業のトップ経営者が高く評価する属性は顧客の満足度と忠誠心を最大化するようなよく考え抜かれた戦略であり、また、強力なビジネス・リーダーシップである。つまり、継続的な能力開発もしくは生涯学習に類するコンセプトへの配慮はほとんどないのである（Bounds, 1999）。もっとも競争力のある企業においてさえ、訓練と能力開発の問題は、通常の取締役会議で、周辺的な議題にとどまっている。訓練と能力開発が高い成果の企業を創造するのに貢献するのは、それらが学習に向けての組織の使命と矛盾せず、それを支持するようなより広い企業戦略としっかりと結びついている場合においてのみである（Keep and Mayhew, 1999）。

より現実的な問題として、訓練を受けた労働者が、学習で得たものを実際に仕事に生かすことができるのであろうか。学習経済とヒエラルキーの消滅というレトリックにもかかわらず現実には多くの従業員が継続的な従属的関係に直面している。ドイツの自動車メーカー、フォルクスワーゲンの例をみてみよう。同社は一九八〇年代後半、チームワーク、ヒエラルキーのフラット化、ジョブシェアリング、責任の分かち合いなどの実験に着手した。明らかに会社は実験を満足できるものと考えたが、労働者は、それほど驚くべきことではないが、追加的な報酬を得られるのでなければ伝統的に経営に属すると考えられてきた課業と責任を引き受けることに反対していることが判明した（Goudever, 1993, 12）。

同様に「フラットな組織」に関する実証的研究は、慎重さを必要とする根拠を提示している（Fairbrother, 1991）。不幸なことに、これらの研究の大半はマネージャーに対する影響を検討したものに限られている。職場の平の労働者（shop floor workers）の経験を研究する価値があると考える研究者はわずかしかいない。それにもかかわらず、明らかになった事実には興味深いものがある。五〇の組織での、組織の脱階層化が中間管理職に及ぼした影響を検討した一つの研究は、個々の仕事の役割、権限の拡大がみられ、そのことが自己申告による仕事の満足度を引き上げていることを発見した。このことの負の側面はストレスの増加だけでなく、管理職自身がいっそう苛立ちを募らせていることである。というのは、かれらがより大きな責任を負い関与の程度を強めることに対する見返りとしての報酬、つまりキャリアの階段における昇進の可能性が、ダウンサイジングと組織の脱階層化の結果として消滅しつつあるからである（Thomas and Dunkerley, 1999）。「優良」会社におけるダウンサイジングと組織の脱階層化の影響を検討した別の研究チームは、実際の措置よりレトリック上の措置がはるかに多くとられていることを発見し、その成果は「マネージャーに対する伝統的なキャリアモデルの改訂版」のようであると結論づけている。

このことは、必ずしも、大企業で働く従業員だけに限られているわけではない。ケアラーとして働く女性に関するある研究は、初めてけちけちとした小官僚組織と利益追求の（として彼女たちが理解した）経験に遭遇した大部分の女性にとって、訓練から雇用への移行は「意外な話」として映っていると述べている。ケアラーとしての彼女たちの主観的アイデンティティは以前と同じように強固ではあるものの、これらの女性は、雇用への道を準備しようとした「コースに対して全くといっていいほどの皮肉な感情」を抱くようになっていることはそれほど驚くべきことではない（Skeggs, 1997, 47–59）。同様に、現代的な雇用慣行が、労働者を力づけ学習を利用して職を発展させ高めるために再工夫されているという見解を支持する実証的根拠はほとんどない（Harley, 1999, 47–59）。

一つの困難は、どの職場にあっても知識の分布を民主化しようとするよりもそのコントロールに関心をもつ一連の部署やユニットがあるということである。「知識マネジメント」をめぐる顛末がこのことを説明する一助となる。訓練や人的資源開発の専門家は「知識マネジメント」のコンセプトをかれら自身が関与する「学習企業」の考えと関連づけるということに関心を示してきた。しかし実際にはこれは達成困難であることが判明した。イギリスの人事・能力開発研究所（the Institute of Personnel and Development, IPD）による調査は、知識マネジメントが多くの組織で情報技術関連部署と強い関係をもっていることを明らかにした。そうした部署における知識マネジメントは、グループウェアやイントラネットのような新しいITツールの応用という比較的限られた専門的問題をカバーすることに限定されている。IPDのコンサルタントによれば、技術は「マネージャーが実際に情報を用い共有する従業員のやり方を見えにくくさせる」ようである(Scarbrough, 1999, 68)。

以上のことは次のような明確な問題を提起することになる。つまり、ポスト・フォーディズムは果たしてフレキシブルで移動性の高い労働者のためのダイナミックな市場を創出したのかどうかという問題である。労働市場に関する近年の研究に照らし合わせると、移動性が高くフレキシブルな労働者に対する期待は誇張されてきたように思われる。いくばくかの労働者はこれらの傾向を体験しつつあるがその他のおそらく大多数の労働者はそうではない。経営コンサルタントのようなグローバルな産業にあっても移動性は限られたものでしかない。たとえばアイルランドというさほど広くない英語圏の国にあっても、ある経営コンサルタントは、ダブリンの市場への進出を試みるに当たって経験した以下のようなことを回顧している。つまり、「用心深くしなければならないこと。というのはそれは別の人の縄張りに踏み込むようなものであり、一つの国ということはわかっていてもかれらの縄張りは依然としてかれら自身のものであり、そのため北から流れてきた他所者を歓迎しない」(経営コンサルタントへのインタビュー、一九九八年七月六日)。

さらに、リッカルド・ペトレラが指摘しているように、フレキシブルな雇用形態は信頼を勝ち取ることが難しい。信頼を勝ち取るどころか、逆に、それは「熟練労働者のなかでの競争を醸し出す。というのは、それぞれの従業員はその職を維持しようと腐心するからである」(Patrella, 1997, 23)。それから一歩踏み込んで、フレキシブルな従業員は雇い主に対する信頼感を制限しがちであるといえる。基幹労働者が他のより安定した、もしくは高賃金の雇用を求め、そのため、労働移動の問題を生み出すことになるのである。

したがって、近年の学習爆発の多くは現実のものというよりも見せかけのものである。多くの政治的なプレッシャーや雇い主のプレッシャーが従業員の訓練へと駆り立てている。しかし、このことがある程度ゼロサム・ゲームになることが避けられない。もし企業Aが企業Bに対して正面から競争を挑むとしても、訓練は一時的な助けとなるにとどまる。というのも、企業Bは、遅かれ早かれ、企業Aが訓練の結果得たような新しいスキルを模倣するからである。企業Bは新しいスキルをどのように用いればうまくいくか、どれが将来性のないものかを知りうるという利益さえ享受できるかもしれない。結局、両企業は単に互いにキャッチアップするために訓練するという羽目に陥るし、ほぼ同じことはより広く国全体にも当てはまる。訓練と能力開発が優位性を持続させるための唯一の源であるという考えは善意に基づいているものの楽観的であり、より長期的にみると機能しえない。しかし、そうであればどういうことが言えるのであろうか。

一つの可能な解釈の方向は社会的に埋め込まれた学習 (socially embedded learning) をめぐって現在展開されている議論のなかに見出される。北欧の経済学者のグループは傾聴に値する主張において次のように述べている。

> 以下のことは通常看過されているが、知識に基づく経済に向けた現在の発展の興味深い論理的帰結である。それは誰もが簡単にコード化された（取り引き可能な）知識にアクセスするようになればなるほど、それだけ企業の競争上の立場を維持したり高めるために、暗黙知がより決定的に重要になるということである（Maskell et al, 1998, 42；強調のための圏点は原文による）。

一つのアプローチは、いうまでもなく、学習組織という考えに関係している。しかし北欧グループの分析は、さらに一歩すすんで、学習地域もしくは学習産業の概念にまで到達している。というのは、そうした概念は当該地域、産業における個々の企業間で情報やアイディアを伝達するネットワークを正式に承認していることを含意しているからである。

このアプローチは具体的には学習地域という目標と関係している。経済的推進力はしばしば地方の学習文化の発展に大きな影響を及ぼしてきた。たとえば南ウェールズでの域内投資は生涯学習のための地域の力量に多大な影響を与えた。従業員が積極的に（企業特殊的スキルであっても）新しいスキルを習得し生産者がそれを支援するであろうという地域の当事者の期待に直面して、域内投資家は他の企業が採用できるという意味で開かれた能力を築くことに手を貸してきた（Rees and Thomas, 1994, 54）。

移動性、フレキシビリティと学習の必要性

しかしフレキシビリティと移動性は、政策立案者にとって優先順位が依然として高い。そのうえ、この二つは、次のケルンでのG8サミットの共同声明が示しているように相互に密接に関連しているのである。

二一世紀はフレキシビリティと変化が特徴となる世紀である。移動性に対する需要がかつてなく高まるであろう。今日、パスポートと航空券があれば世界中を旅行できる。将来、移動のためのパスポートは教育と生涯学習であろう。この移動のためのパスポートはすべての人に与えられなければならない(G8, 1999, 1)。

しかしこのパスポートは実際にはいかなるものであるべきなのか。この問題は提起する価値がある。なぜならば、近年の政策上の重点が資格に置かれているからである。形式化した資格は、ポスト・フォーディズム的観点から、硬直性をもたらし、生涯学習を掘り崩すものとして批判されてきた。欧州委員会の二人の上級職員は、かつて、次のような事態に苦言を呈したことがある。その事態とは、多くの教育・訓練が今なお「標準化され」、融通性がなく、一回きりの学位獲得によって認められるようなスキルを生み出しているというものである(Riche-Magnier and Metthay, 1995, 420)。しかし一方で、資格はニュー・パブリック・マネジメントの関心事ともうま

くフィットする。つまり、ニュー・パブリック・マネジメントがもっている、成果の測定や成果に基づく査定・支払いに対する関心にフィットするのである。たとえばイギリスでは、公的資金は、伝統的な基準によるよりもむしろ授与される資格を判断基準にして教育・訓練の関係機関に割り振られることが多くなっている。

この緊張関係は資格の重要性が消失しつつあると考える研究者と、資格が労働移動を可能にする一つの手段であると考える研究者との間の学問的な論争にも反映されている。前者のグループのクジェル・ルーベンソンは次のように論じている。

> 内部労働市場の重要性は訓練費用が嵩むにしたがってますます高まる。……雇い主は、訓練の役割が経済において決定的に重要になっているので――少なくともそのように考えられるので――、ふるい分けの仕組みとしての教育にこれまで以上に配慮することが期待されるであろう(Rubenson, 1992, 27)。

しかしながら、次のように主張する研究者もいる。ポスト・フォーディズムへの移行は、「経済的不安定性の増す時代にあって、固有の限界をもつ現在の主流である内部労働市場の構造から、『専門的』(professional) な労働市場モデルへの移行を意味している。後者のモデルにあっては一般的で移転可能なスキルがより重視され、それによってより大きな機能的フレキシビリティと労働者の移動が可能になる」(Buechtemann and Soloff, 1994, 237)。

職業資格の新しい全国的な制度が創出されたことで多くの実証的研究が活発となったイギリスの外では、教条的な主張と論争的主張が多く、しかもその多くは規範的であるのに比べてこの問題に関する証拠は少ない。

一例をあげればユニット化（つまり学習プログラムを扱いやすいユニットに分割すること）と先行学習評価（APL）は往々にして肯定的にとらえられている。そのため、「職業経験学習」（la validation des acquis professionels）の評価に関するフランスの国をあげてのアプローチは、その手続きにおそろしく時間のかかるものであっても「訓練の個別化、つまり、従業員の個々の特性と集団的プロセスを調和させること」（Feutrie and Verdier, 1993, 474）を促進するものとして賞賛されてきた。APLとユニット化は、潜在的には、教育、職業、文化、社会それぞれの領域での経験の結果として成人が得るさまざまなスキルや知識を分類し、明確化する手立てを与えてくれる。これに反して、フレキシビリティは首尾一貫性と基本的事項の理解を犠牲にして得られるものである。つまり、協働学習の機会は減り、実践の理論的な確証の重要性が軽視される。また、訓練の提供は個々人の選択によって規制されてしまうのである（Banks, 1993, 40; Colardy and Durand, 1998, 246）。さらに言えば、どのような形態であれ組織内の信任制度がそうであるようにAPLが外部に対してもつ価値は、その評価を担当した既存組織の評判によってほぼ決まってくる（Feutrie and Verdier, 1993, 483–4）。

これらの改革の背景にあるものは、より透明度の高い資格制度がフレキシビリティと移動性を促進するであろうという信念である。しかし、それはどの程度正しいのだろうか。ＥＵ全域で透明性のある職業資格の制度を構築しようという欧州委員会の試みが、この問題に対する教訓的な例である。この試みは財、資本、サービスの単一市場に続いて単一労働市場の構築を志向している（Field, 1998, 116-27; Gordon, 1999）。比較的小規模な一連の試みに続いて、委員会は一九八五年に職業資格の比較を可能にするために、加盟国（当時は一二カ国）全域の職業資格の内容を分類する大規模な作業に乗り出した。この作業はベルリンにある職業教育開発センター（CEDEFOP）に引き継がれた。同センターはやがて雇い主、労働組合、職能専門家の代表からなる一連の部門別ワーキンググループを創設した。大変時間のかかる一連の課業分析研究の成果は、スキルと知識に関する膨大で詳細を極めた職業別の資格リストであった。それは加盟国が各産業における特定の資格が代表しているものについての正確な情報を提供することをめざして作成されたのである。これらの研究を補足するために、委員会はまた立法化の道をも選択した。看護職のような特定の職業をカバーする一連の特別指令と並んで、委員会は一九八八年に以下のような内容の二つの特別指令を採択した。それは、全加盟国の雇い主および政府がすべての大学学位と、「権威ある機関」によって発行された資格という限定付きではあるが、少なくとも中等教育後の二年間の訓練後に得られる職業資格が等しい価値をもつことを認めるよう求めた（Field, 1998, 124）。このおかげで学位はあくまで学位であり、職業資格はあくまで職業資格であるとみなすことによって、比較可能性と透明性をどう確保するかという問題の解決がはかられたのである。そしてある程度の抵抗や適用除外があったものの（たとえばアイルランド語のような少数言語を保護することを目的とした適用除外）、EU裁判所は厳格にこれらの指令を支持してきたのであった。

したがって、単一市場が一九九二年に創設されるまでに、委員会は移動を妨げる人為的障壁であると考えたものを除去するため多くの措置を講じた。しかし、それはどのような帰結をもたらしたのであろうか。結局、ヨーロッパ人は余暇のために国境なき連合がもたらした可能性を利用できるようになったことは喜んだが、雇用を求めて故国を離れることにはまったく気乗り薄であった。皮肉なことに、実際にはEU域内の移住者数が一九七〇年代半ばから一九八〇年後半にかけて落ち込んだが、それは単に失業率の上昇が不熟練労働者の雇用機会を奪ったからに他ならない（Werner, 1994, 42）。一九八〇年代後半と一九九〇年代初めに移住した人のうちの大部分は既定の経路で移住し、その際には資格の承認はそもそもあまり問題にならなかった（Marsden, 1994）。しかも、たとえばそうした移住者の最大グループはアイルランド人であり、かれらの大多数は、自分たちの資格が雇い主および教育提供機関によって広く承認されているイギリスへと移ったのである。同じように、ほとんどのデンマーク人移住者はスウェーデンやフィンランドなどのその他の北欧諸国へ行ったのであるが、両国ともまだEUに加入していなかったのである（Field, 1998, 128–9）。

そのため、EU内では、移動の障壁を低くする政策が採られたにもかかわらず、フレキシブルで移動可能な労働への需要が増加しなかった。とりわけ、もっとも高い水準のスキルと資格をもつ従業員の需要への影響——一九八〇年代の諸政策はそうした従業員グループを対象にしていたにもかかわらず——は、ほとんどなかったようである。その理由はいくつかある。たとえば、失業率や言語上の困難、また、住宅や教育などの移動のための隠れたコストなどであるが、一つの重要な要因は、目に見えない知識や社会資本とは対照的に、明示的でコード化されたスキルは雇い主にとってあまり重要でないということである。そして、イギリス資本の多国籍企業人事マネージャーに関するある調査研究は、ヨーロッパ戦略を展開している企業がイギリスへの依存度を弱め、地元採用のマネージャーへの依存度を高める傾向があることを示している（Walsh, 1996）。また、かなり調査規模は小さくなるが、ドイツ最大の企業に関する調査研究もまた同様な結論に達している（Hoffritz, 1997）。さらに、国境を越えて移動する高い資格をもつ従業員は、往々にして、かれらが企業と基幹スタッフを知っているがゆえに一定期間の任期で任用されている臨時の従業員である（Boyle *et al.*, 1996）。マネージャーや専門職の人による一九八〇年代半ばからの短期の突発的な移動の爆発的増加がみられたが、これは企業の所有と活動の全般的なグローバル化に伴って生じたものであり、EUと並んでアメリカもしくはアジア諸国の企業所有と強く関係していた（Forster and Whipp, 1995）。したがって、収斂傾向があるにもかかわらずヨーロッパの労働市場は国別に著しく分断されたままであり（Marsden, 1994）、収斂傾向に対する例外も強固に根付いている。

移動性が高く高資格の労働者への国境を越えた需要は比較的限られている。いわゆる移動に対する人為的障壁を除去しようとする欧州委員会の政策は、ヨーロッパ労働市場内での自然な流動性の程度が限定的なものであることを赤裸々に明らかにした。結局のところ、資格の特別指令もしくは分類対照表もほとんど利用されなかった。しかも利用された場合も、それは政策立案者の期待したやり方によってではなかった。たとえば、一九九一—九四年に特別指令に基づいて資格の承認を申請した一万一千人のうち、最大の単一グループは教員としてイギリスで働こうとするアイルランド人のグループであった。かれらは特別指令が出される以前にはそもそもそうした手続きを踏む必要がなかったのである（Field, 1998, 127）。職業教育開発センターの一覧表に関していえば、EU自身の雇用サービス部門スタッフさえまったくと言ってよいほど利用することがなかった。実際、スタッフの半分がそれが存在していることも知らなかったのである（Field, 1998, 122）。

要約すれば、以上のことは政策が需要をはるかに凌駕した例であると言える。欧州委員会の諸機関の真剣な努力にもかかわらず、国を越えたヨーロッパ労働市場を創設するという政策の大部分はほとんど実を結ばなかったと言ってよい。解かなければならない二つの難問がある。一つは、多くのヨーロッパ人の移住をめぐる頑固なまでの歴史的パターンである。つまり、EU域内、域外を問わず、移動する人々はすでに確立した経路を移動しているということである。このことにはいくつかの理由がある。つまり、労働市場は経済的だけでなく、文化的、社会的なものであること、移動には隠れた障壁が存在すること、域内で移動可能な労働者への需要はかれらの資格だけに基づいて雇うことに付きまとうリスクにより抑制されてしまうということである。二番目の難問は、なぜ欧州委員会がほぼ成果が見込めないと判明してからもそうした努力に固執したかということである。しかし、これはもし委員会の活動が地味な経済的計算よりも内部の政治的力——EUの「権能」(もしくは「主権」)の拡大をめぐる緊張関係がある時期にあって——によって推進されるものだと考えるならば難問ではなくなる。このことはヨーロッパの政治的組織だけに見られるパターンではないことも言っておかなければならない。

経済的遊牧民としての雇用価値のある労働者

しかし、労働市場に関する近年の研究は移動性の水準が上昇しつつあることを明らかにしている。しかも印象的なことに、この移動性の高まりは従業員をして雇い主を替えるだけでなく、過去の報告と比べて回数の増えたキャリア移動へと巻き込んでいる。多くのキャリア従業員が移動している。大部分の従業員は一定期間にわたって特定の仕事に従事するが、そのうちのかなりの割合の従業員は雇い主を替える際にキャリアを替えている。そして驚くほど多くの従業員にとって、このことは、通例であったような直線的なキャリアの上昇よりもむしろキャリアの横への変更を意味しているように思われるのである(Arthur *et al.*, 1999, 37; Collin, 1999, 11)。「境界線のないキャリア」(Arthur *et al.*, 1999, 11)という話題は今でも誇張されていると考えられる。ほとんどの人々は、生涯の大部分にわたって最初にフルタイムの雇用に入った時と同じ職業に従事している。

そして、実際かれらが昇進したかどうかにかかわらず、すでにみたように、これがほとんどの人にとっての期待であり続けるのだ。しかしながら、数が増えている少数のキャリア変更組にとってはフレキシブルで複線のキャリアパスが常態となっており、必然的に、これが強まりゆく傾向であるとともに、現行の教育・訓練制度がそのために労働者に十分な備えを与えないままになっている傾向であることが示唆されてきた。

以上のことからネガティブな結果がどっと押し寄せてきている。トム・ベントレーは「イギリスにおける貧弱な雇用価値は、犯罪と失業という社会的コストを含めずに、近年では年額にして八〇億ポンドのコストがかかっていると見積もられる」と主張している（Tom Bentley, 1998, 99）。その結果、ベントレーは雇用のための訓練に取って代わって、今必要なのは雇用価値のための訓練であるという主張に同調している。とりわけ個人にとってこのことは大きな意味をもっているかもしれない。事実、これは一九九〇年代末によくみられた政策テーマであった。一九七〇年代と一九八〇年代に構造的失業のため大きな困難を経験した西ヨーロッパでは、雇用価値が政策目標として熱心に採用されたのである。一九九七年のヨーロッパ雇用大臣の会合は雇用価値が適応性、企業家精神、平等な機会とならんでＥＵ共通雇用政策の四つの支柱の一つを構成することを確認し、生涯学習を雇用価値を構築する主要な手段の一つであると定義した（CEC, 1997）。

したがって、雇用価値を高めることは、生涯学習の他の多くの側面がそうであるように、個別化の傾向と関係することになる。一九九〇年代のキャリア・マネジメントの研究動向を総括したイギリスの政府機関は、一九九〇年代半ばに雇用安定性が失われつつあるためであるとして以下のように主張している。

それゆえ個人は、雇い主、地域、家族、仕事の種類もしくはスタイルの変化に対処するよう備えることを求められる。このことは、変化を管理するスキルと速やかに新しい環境に馴染むスキルを向上させることを意味する。これはまた、没頭するあまり移動がトラウマになるような事態が生じないような環境で良好な関係を築くための方法を学ぶことを意味しているであろう（Skills and Enterprise Network, 1996, 3）。

しかも同じような傾向は他の国でもみられる。人的資源開発の動向についてのオランダの概況調査は次のように結論づけている。

従業員は自分の能力の好機と限界を認識しなければならず、また、近い将来、所属する組織のなかでもしくはそれ以外で達成可能な役割を予想することを学ばなければならない。……組織がますます移ろいやすいものとなりつつあり、雇い主と従業員の双方の関係は、以前にも増して忠誠心に立脚する度合いを弱め、相互依存の度合いを強めつつある（Streumer *et al.*, 1999, 272）。

以前は雇い主の関心事であったようなキャリア開発の形態と内容（および保護）が、容赦なく従業員の方に移りつつあるのである。

もちろん、予測が難しく不穏な環境にあって、雇用価値は希求することが容易であっても推進することは難しい（van den Toren, 1999）。第一に、転職（とりわけ基幹熟練労働者の労働移動）を減らそうとする企業の意向と、従業員が移動できることを保障することに対するより広い社会的関心との間に明確な緊張が存在する。「密漁」の危険性が雇い主によるスキル訓練への投資を抑制するものとして広く取り沙汰されていることを前提にすれば、労働者の足取りをこれまで以上に軽くするように意識的に企図されたような介入措置に企業が熱意を示すことは想定困難である。オランダのような労働組合組織率の高い国では雇用価値の問題が団体交渉によってますます取り上げられるようになっている。しかしこの選択肢は、労働組合組織率が比較的低い（また往々にして公的雇用部門に集中している）大多数の欧米諸国にあってはあまり適切なものではない。第二に、現在の仕事に直接関係しない一般的な教育・訓練を始めるように従業員を動機付けることは、はっきりとした難題をつきつける（そしてもっとも熱心に参加する従業員が、企業を辞めたいと思っている従業員であるか、あるいは逆に現在の企業にこれまで以上にしっかりと組み込まれたいと願っている従業員であるというリスクが伴う）。第三に、ある職業との一体感は、しばしば仕事の成果を高めるためにすすんで自分のエネルギーと情熱を注ぐことにつながるものであったが、そうしたことが侵食される危険性がある。リチャード・セネットは、近代資本主義において労働者が自分の仕事にあまり愛着を感じないという傾向を嘆いている（Sennet, 1999）。もし労働者集団が強固な職業文化の一端を感じ続けるとしたら、ただ単にその仕事にかかわるスキルのためであるというよりも、むしろその職業が高い水準の忠誠心とグループ・アイデンティティを必要とするためそうなっている可能性が高い。いくつかの制服着用のサービスのなかにはそうした例がある。

雇用価値が高く、単一の雇い主のもとに留まり続けることに伴うリスクを警戒する野心的な個人は、雇い主にとっては一つのリスクにもなりかねない。高い労働移動率は短期的にはたいへんコストのかかるものであるが、こうした短期的視点からの短兵急な解決は永続的なダメージをもたらしてしまう（Ramsay, 1996）。他方で、経営者は、会社に留まる従業員もいれば、会社を去る従業員もいるのはなぜかを明らかにするために、忠誠心を醸成するためのプログラムの可能性を研究し、企業へのコミットメントを促進するとともにそれに報いようとし、また、労働者と企業との間の「心理的契約」などの暗黙の了解を検討する。しかしながら、こうした介入政策もまたコストがかかるものであり、（まだ導入されて日が浅いこともあって）その有効性はほとんど判明していない。そうした忠誠心を醸成するためのプログラムはその意図に反して、減らそうとしている労働者の腰の軽い振る舞いを助長してしまうことにさえなりかねない。というのは、従業員が自社の忠誠心プログラムと競合他社のそれとを比較するという逆入札のようなプロセスを設定してしまうからである。最後に、それらのプログラムは企業のより広い目標に寄与するところがまったくないのである。

自律と雇用

わたしたちは、さまざまなプレッシャーが個々の従業員に自分自身の能力開発にこれまで以上の関心を払うように強いていることをみてきた。たとえば、イギリスでの主要スキルに関する最近の公式レポートは次のように述べている。

もっとも重要な能力の一つは自分自身のキャリアを計画し、管理することである。これには、労働市場での利用可能な機会についての理解や求職活動のすすめ方や面接での自分の売り込み方、自分のキャリア開発を計画し、アレンジする能力が含まれる（全国スキル特別委員会、1999, 57）。

同様に、欧州委員会は「学習者は親行動的でより自主的である必要があり、自分の知識を不断に更新し、変化しつつある課題群と状況群に前向きに対応していく心構えが必要である」と主張している（CEC, 1999b, 9）。一般的に、この理想的な事態を達成する責任は、自己規制と自己監視のスキルと習慣を習得するように促される個人にあるとみられている。健康教育の専門職は「反省的な実践家」であると言われる。つまり、「かれらの仕事は自己評価と実践の批判的分析と有効性の追究ができる能力で特徴づけられるからである」（HEBS, 1997）。同じように、イギリス全国看護師職行動倫理綱領によれば、自分の欠点を確認し自分自身の学習を計画すること、また、継続的な専門的資質向上のための条件を満たすことが個人の責任として課される（UKCC, 1992）。

責任が個人にあることを明確にすることは、企業が競争上の圧力に脆弱になっていることからも強められている。これはイギリスに本拠をおく大規模な菓子製造会社の戦略にみてとることができる。同社は一九八〇年代後半にアメリカのソフトドリンク市場に攻撃的に進出し、また、それほどシビアではないがそれでもリスクの大きい中・東欧市場にも進出した。同社の経営者は、人的資源戦略を高付加価値重点化へと転換するにあたって、次のように主張した。

長期にわたって競争上の優位性を維持する当グループの能力は、主として、従業員の不断の能力開発に依存する。この理由のため当グループは、継続的な学習をする環境の提供と職域単位やグループ全体を通して学習・能力開発機会の提供に力を入れる。能力開発は労使がその責任を分かち合う性格のものであり、従業員の側で利用可能な学習・能力開発の機会をうまく生かすようなやる気と主導性を発揮しなければならない (Cadbury Schweppes, 1999, 27)。

明らかに訓練・能力開発プログラムを賄うコストを節約し、学習が実際に行われるよう保証する共同責任を回避しようとする思惑も存在する事例がみられる。しかしその結果として起こったことは、従業員が、新しいスキルと知識を得ようとする自己決定権をもち、以前にもまして自己監視と自己規制を徹底し、能力ある従業員となるために「やる気と主導性」をもっていることを現在の雇い主もしくは潜在的な雇い主に示すということに個人として一層熱心になっていくという傾向であった。

このことは単に若い人を将来のある時期に求職活動、すなわち大人の人生に向けて準備させるということではない。そうではなく、雇用価値という原理は、労働者と雇用状態との間の「心理的契約」の急激な個別化を反映しているのである。ビジネス評論家の一部には次のように述べる者もいる。

新しい契約――それは会社の内外での個人の雇用価値を維持することに、ひいては向上させることに、雇い主と従業員が責任を共有することである。……その新しい契約の下では、雇い主は、生産性の向上と従業員がそこで働く限り企業の目的やコミュニティへのある程度の熱意と引き換えに、雇用価値を大いに高める機会を個々の従業員に提供する（Waterman *et al.*,1996, 207–8）。

私たちが後でみるように、プレッシャーの程度がときには強制に近いものになることがあるものの、上のことは必ずしも歓迎されない展開でもない。

こうしてこれらすべてのことが労働者の肩に課せられるのであろうか。それは新しいより巧妙な形のトップダウン型経営ではないか。おそらく部分的にはそうなのであろうが、人々が職場にいるときにそれ以外の生活の場面にいるときと同じ価値観をもつ度合いを強調しておく価値がある。つまり、自主性と自己実現の価値観をもつ人は、その他の生活領域にあるときと同じように職場や専門的資質の向上において、そうした自分の価値観をとかく表明しようとするものである。雇い主に依存するよりも――これは親―子モデルとでも呼ばれるものだが――、そのような人は自力本願と「キャリア面での復元力」（career–resilience）という考えに大いに惹かれることであろう。このアプローチが比較的若く移動性に富む従業員からなるハイテク企業、たとえばアップル・コンピュータやサンマイクロシステムズ、レイチャム・コーポレーションで徹底して採用されてきたアプローチであることは容易に推測できる（Waterman *et al.*, 1996, 208–16）。しかし、それにもかかわらず、この現象に関する実証的研究は比較的少ない。自律的学習に関する北米で行われた調査のレビューのなかでラルフ・ブロケットとロジャー・ヒエムストラは、教員に関する数多くの研究をリストアップしているが、その他の職業グループはそれほど注目されていないように思われる。かれらは、肉体労働者や事務労働者における自律的学習に関する本格的研究の数が比較的少ないことにも触れている（Brockett and Hiemstra, 1991, 96–7）。

イギリスに関しては一九九七年に全国成人学習調査（ＮＡＬＳ）が、いくつかの証拠を提出した。同調査は「教えられるタイプの学習」と「教えられるタイプではない学習」を区別した。第一に、ＮＡＬＳは自律的学習の程度を測る重要な尺度を提起した。フルタイムの教育を受けている人を除いて、回答者のほぼ六割（五八パーセント）の人が調査時期に先立つ三年間に何らかの教えられるタイプの学習に携わり、また、ほぼ同じ割合の人（五七パーセント）が何らかの教えられるタイプでない学習を経験していた。そして重要なことは、これらのどちらかの学習を行った人の三分の二（全体の割合でいえば四一パーセント）が、教えられるタイプの学習と教えられるタイプでない学習の両方を行っていた（Beinart and Smith, 1998, 80）。しかし、このグループにはオープン・遠隔コースに学ぶ学生も含まれており、また、教えられるタイプでない学習の多くは事実上普通は職場での何らかの監督下におかれている。自己学習についてのより狭い定義を用いれば、NALSのおよそ回答者の二九パーセントが準備されたコースへの参加によってではなく独学で得たスキルもしくは知識があると答えている（Beinart and Smith, 1998, 210）。要約するとNALS調査の数字から、教えられるタイプでない学習がかなり普及した活動となっており、一方で教えられるタイプの学習に携わっている人が同時に教えられるタイプでない学習をも行うことが多くみられることを確認できる。

NALSは、また、教えられるタイプでない学習の性格をめぐる重要な手がかりを与えてくれる。そうした学習は、資格取得のためにはほとんどといってよいほど行われていない。わずか一パーセントの回答者のみが教えられるタイプの学習のコースに参加せずに資格取得をめざして学んでいた（Beinart and Smith, 1998, 200）。大雑把にいって、かれらの動機は、科目に対する一般的な関心と概して仕事に関連した理由との間のバランスの上に成り立っていたように思われる。教えられるタイプでない学習に従事している人の半数（五六パーセント）は、特定の理由からではなく科目に関する知識と能力を改善することに関心があると答えている。そして、およそ四分の一（二三パーセント）の人は、興味のある何かについての学習をしたかったと答えている。さらに、半数を超える（五五パーセント）人が、自分のキャリア開発を目標にしており、三分の一強（三六パーセント）の人が今の職業での新しいスキルの習得を望んでおり、四分の一弱（二三パーセント）が昇進を希望している（Beinart and Smith, 1998, 206）。資格取得に向けて学習している人は、通常、パッケージ教材を用いて学習している。それはほとんどの場合、書かれたものであり、カレッジもしくは雇い主によって提供されたものである。つまり、ニュー・テクノロジーは訓練の形態に対してはほとんど影響を及ぼしていないのである（Beinart and Smith, 1998, 204）。

ＮＡＬＳの調査における自律的学習者のなかで、大多数の人が仕事に関係した理由を学習の理由としてあげていた。およそ半数（四六パーセント）の人が今の仕事に役立つと答え、それとほぼ同じほどの（四五パーセント）の人が将来の仕事に役立つと答えた。九パーセントが学習目的として何らかのボランタリー活動をあげていた（Beinart and Smith, 1998, 214）。過去三年間で何らかの独学的スタイルの学習に従事した人のうち、四分の一（二七パーセント）が、その学習は実際には仕事関連の成果をもたらすものではないと答えた（Beinart and Smith, 1998, 216）。ほぼ同じ割合の人が、特定の職業科目（二六パーセント）、余暇活動（二六パーセント）、情報通信テクノロジー（二五パーセント）それぞれへの関心を示し、残り一一パーセントの人がより一般教養的な学習、通常は外国語の学習を行っていた（Beinart and Smith, 1998, 212）。また、何らかの種類の学習教材を使っていた人が全体の一五パーセントを占めていたが、そのほとんど全員が書かれた教材を用い、およそ三分の一の人が書かれた教材と並んでコンピュータのソフトウェアを使用し

ていた (Beinart and Smith, 1998, 214)。

表面的には、上の回答パターンは、学習における自己決定を将来の雇用価値の不可欠な構成要素ととらえる政策シフトとまったく首尾一貫しているようにみえる。しかしながら自律的学習が疑いもなく最盛期にあることが、国レベルもしくは企業レベルでも政策形成のための不確実な推進力となっている可能性がある。とりわけ、自律的学習を振興するためにニュー・テクノロジーを利用するように劇的に転換することは起こりそうにない。たとえば、イギリス人事・能力開発研究所のメンバーによる一九九九年の調査は以下のことを明らかにした。三分の二以上の人が組織内で情報通信テクノロジー利用の大幅な拡大が見込まれると予測していたが、多くの人がその実際の価値についてはきわめて懐疑的であり、より伝統的な方法に比べて相対的に低い評価しか与えていない。かなりの割合の人が単にニュー・テクノロジーがいかに有効であるかを認識していなかった。訓練のためにインターネットを使用していた人の内の四〇パーセントが、「伝統的な」いわゆる立ったままの教室での教授方式と比べてインターネットの有効性があるかどうかについては「確信がない」と述べている (Cannell, 1999)。もしプロのトレーナーがこれらの新しい方法の知識がなく自信をもちえないとしたら、より広範な大衆の間でのそれらの普及は、組織戦略の不可欠の要素というよりもむしろ個々の道具箱の一部とみられることであろう。

しかし、多くの訓練は、従業員が自律的学習者であるとの仮定に基づいて展開されている (Brockett and Hiemstra, 1991; Streumer *et al*, 1999, 273)。職場への電子学習資源の実際の導入は、少なくとも訓練と能力開発の用途に限定すれば限られていることが判明している（Beinart and Smith, 1998, 204）。ニュー・テクノロジーが自律的学習への移行をもたらす可能性をめぐる強い期待があるが、成人労働者がそれらの方法を用いるのに必要とされるスキルをもっていることを示す証拠はほとんどない。逆に、多くの人は伝統的な教えられる方法を依然として好んでいる。ある大規模な調査報告書の執筆者は以下の事実を発見して驚いている。つまり、多くの人は「実際的なことを通しての」学習を好むことを述べつつも、かれらが実際に選好した学習方法は大部分が書物もしくはその他の書かれた教材をとおした学習であったのである（Campaign for Learning, 1998, 21）。小企業の経営者に関するある研究から、かれらが従業員のためには職場における学習を強く勧めているが、マネージャー自身は教授されるコースへの出席を希望している、ということがわかった（Martin, 1999）。ほとんどの人が、情報テクノロジーに対して、それが学習のための道具としてどれほど有益かという点では低い評価しか与えていない（Campaign for Learning, 1998, 22）。ここから、自律的学習に向けてのモチベーションとならんで、より高い水準のメタ認識能力と戦略の重要性が生まれてくることになる。

これらの資質は大事である。というのは、多くの政策立案者は自律的学習とニュー・テクノロジーの組み合わせが成人教育への参加を拡大（そして拡張）する確固たる基盤を提供すると考えているからである。この見方はたとえば産業大学（University for Industry）に対するイギリス政府の見方に通じるものがある。しかしながら、自律的学習とＩＴに基づく学習とは、概して別個のものであり、異なった現象なのである。断片的な取り上げ方ではあるが、調査やその他のデータは、自律的学習への個々の関心や実践はすでにきわめて広範に広がっていることを示している。その一方で、ＩＴに基づく学習は、個人であれまた組織であれ、もともと大部分は「先駆者」によって追求されている。その状況はやや実験的なものにとどまっている。多くの訓練者にとってその可能性は現在ではまだ不明であり、将来期待される性格のものである。現段階で明らかなことは、多くのいやいやながらの学習者、および、より一般的には労働力のなかで排除された周辺的な部分はよりありきたりの方法によって学習に惹かれないのと同様に、情報コンピュータ技術を通しての学習には取り込まれないということである。

労働のための学習と労働からの学習

労働の世界は激変期を迎えているのか。私はそうではないと考えている。多くの人が、今日でも、スキルをほとんど必要としないか全然必要としないような職種で働いている。いくつかのそうした職は、現代の経済革命を推進していると通常言われているグローバリゼーションとハイテクの諸力によってまさに創りだされたものなのだ。多くの人は、労働生活の大部分を一つの職業あるいは同一の雇い主のもとで過ごす。地理的移動性の水準は高いどころか、ヨーロッパ連合の国境なき域内にあってでも上昇してさえもいない。もちろん、重要で劇的とも言える変化もある。しかしこれらは誇張されるべきではなく、その結果を過大に評価してはならない。新しい学習経済をめぐって絶えず繰り返される論議は、粗野な形では、従業員が適応力を増し移動可能性を増進するためには新しいスキルとメンタリティを獲得しなければならないという直接的な要請で表現される。もう少し洗練された水準では、知識マネジメントや学習企業などのような概念が人気を得ていることに反映されている。しかしこれらのレトリックには誤ったものがあり、しかも、不誠実でさえあるものがある。経営管理の伝道師たちは本を販売し、マネージャーは自分たちがトレンドの先をいっていることを示そうとし、ビジネスリーダーたちは賃金を抑制し、企業は消費者を欺こうとする。変化を先導している諸力はスキルアップもしくは雇用価値とはほとんど関係がなく、広い文化の変化から生じているものもある。個々の市民が職場以外の領域──政治的場面やメディアの領域──の権威に対してシニカルになるにつれて、かれらはそうした場面での経営者の全能の知を疑ってかかるようになり、そのため、自立性と管理に向けた自分たちの希望を尊重するようなやり方での学習を好むようになる。消費者が自宅での学習活動から快適な経験を得ようとするのと同じように、かれらもまた楽しい訓練と能力開発の形を選好するのである、等々。

これらの要因は数多くの理由から重要である。とりわけ、それらは人々が自分たちの仕事に適用可能な新しい能力を獲得していくコンテキストを形づくるから重要なのである。ある段階では人々はレトリックを通して物事をみて、その結果、不誠実さを確認するかもしれない。もし人々が訓練者（もしくは訓練の内容を決めた企業、政策立案者）が紛い物の油を売っていると考えたならば、そのことがまた訓練を提供される側での皮肉ぐせを増幅させる形でコンテキストの一部になる。反省的な市民は反省的な労働者、そして反省的な訓練生になる傾向にある。

第4章　誰が取り残されているのか

二〇世紀の大部分の間、公教育政策は、より多くの社会的平等を保証するための車輪として奉仕してきた。主として学校制度と高等教育に人々の注目が集まっていたため、成人の学習は、広い政策上の合意の幾分か周辺に位置していた。労働者教育協会や労働大学運動といった成人教育のパイオニア的組織は、社会的平等という目標を支持した。それらは、たとえば、率先して学校や大学制度におけるより大きな平等を擁護することによって、より広い社会において変革を遂行する立場になるかもしれない、行動的な市民や労働運動の指導者を訓練することに貢献した。

一九六〇年代まで、成人教育・訓練は、直接、社会的平等を促進するために提供されることはほとんどなかった。それらが提供された時には、補習教育や補償教育のようなことがしばしばあった。ほんとうに早い段階での失敗を補償するように考えられたタイプの成人教育でも、ラディカルな言葉という板金をとりつける傾向があった。ラディカルなブラジルの成人教育者であるパウロ・フレイレは、実践家と成人教育者を訓練する人々によって広く引用された。ただ多くの人にとって、フレイレの名前をひきあいに出すだけで十分であったようだ（Field *et al.*, 1991）。かれの思想――そして、それが解放の神学に根ざしていること――への具体的な言及はまれであった。しかし、たとえフレイレの名前が、成人教育関係者が、いつもラディカルではない仕事にかかわっていることに折り合いをつけるのに時折使われるとしても、それは排除された集団にかかわろうという意思を呼び起こすのに役立った。やがて、成人教育の組織も、一九六〇年代と七〇年代の新しい社会運動のラディカルな理念と接触をもつようになった。フェミニズムが、より長い目でみると、もっとも影響力があったが、新しい社会運動の一般的なテーマ――自主性、解放、民主主義、個人の人権――は、多くの専門職の成人教育者によって受け入れられた。そこには、人口のかなりの部分を失敗させるようにみえる学校制度のために行われる、大げさな要求と見なされるものに関する一般的な懐疑もあった。こうした視点から、成人教育にとっての主たる課題は、若者を産業社会における成人の生活に準備させ、中流階級の子どもたちの最終学校として機能するエリート的な高等教育システムを用意するような、学校によって永続化され部分的に創りだされてもいる大がかりな不平等に取り組むことである。私たちの学習社会の夜明けは、こうした状況にどのような影響を与えているのだろうか。生涯学習は活発に不平等を再生産している。それは新たな不平等の源泉さえ創りだしているかもしれない。ＯＥＣＤの教育研究・刷新センター（ＣＥＲＩ）は、成人の学習と社会的包摂の研究を提案しつつ、このことをはっきり述べている。

今日の「知識経済」と「学習社会」においては、知識、技能、学習は、ダイナミックな経済単位と繋栄しつつある社会共同体の品質証明としてだけでなく、現代の生活における個人の参加にとって基本的なものとして見なされるようになってきた。教育の成功経験を示した人々や、自ら有能な学習者であると思う人々にとって、継続的な学習は経験をより豊かなものにし、自らの生活と社会を支配しているという感覚を増幅させる。しかし、この過程から排除されたり、参加することを選択しなかった人々にとって、生涯学習の一般化は、ただ「豊かな知識」の世界からの孤立を深めるだけになるかもしれない。その結果、経済的には、人的能力が不十分に利用されたり、福祉の支出が増加するだろうし、社会的には、疎外された関係において、社会のインフラストラクチュアが崩壊するであろう（OECD,1997b,1）。

それについて、イギリス議会の委員会では、同様に、「過去二〇年間における実質的な全体の参加を改善する試みに付随する結果として、教育のある人と教育のない人との間のギャップが開いてきた」ことへの懸念が示された（Select Committee on Education and Employment, 1999）。別の政府報告書では、「技能が豊かな人々は学習と能力を伸ばしていくが、技能が乏しい人々は取り残されていくという憂慮すべき傾向」が示されている（DfEE 2000, 9）。さらに、この過程はある特殊な社会における個人や下位集団だけでなく、全体の地域や国家さえ影響を与えるといわれる。たとえば、マニュエル・キャステルズにとって、ネットワーク化された社会は、地球の大部分の地域を実質的にかかわりなきものにしてしまった。つまり、なんらかの価値のある技能や知識をもたなければ、人々は「情報資本主義のブラックホール」に落ち込んでいくのである（Castells, 1998, 162）。

社会的排除と貧しい人々の過剰

リチャード・セネット（Richard Sennett）は、「失敗は大きな現代のタブーだ」と書いている（Sennett, 1999, 118）。私たちの新しい学習社会は、どのようにすれば成功するかを語ってくれる書物、テープ、ＣＤ、ビデオ、ラジオ、テレビ番組であふれている。しかし、それらはどのように失敗に対処していくかについて語っていない。また、より流動的で変化の急な個人主義化した社会においては、以前から排除されている集団（もっとも顕著なのは女性たちである）出身の人々に新たな機会の道が拓かれるようになった一方で、貧しく不利益を被っている人々と同様に、中間階級の人々も失敗のリスクに直面している。古い形態の防御策は――同窓の縁、クラブ、株式会社、家族でさえ――もはや確実な救済にはなりえない。しかし、たとえ体制側の中間階級集団が、突然失敗するというリスクにさらされるとしても、古くから知られている貧困と排除が、しばしば頑強に残存するであろう。新たな形態の排除とは、古いものを破壊してしまうのではなく、むしろ、古いものに重なりあい、新たなより複雑なパターンの不平等を創りだす。それは、その複雑さゆえに、解決するのがより難しいかもしれないのである。

社会的排除は、累積的な過程をたどる傾向がある。しかし、新たに知識を重視することは、さらに問題を複雑化する一つの要因である。イギリスでは、後継の労働党政府が、一九九七年に「社会のいくつかの部門で、福祉依存と剥奪が増加している状況を受け継いだ」ことを認めている（DfEE, 1997, 6）。所得の不平等を鍵となる指標にしたにもかかわらず、この判断はきわめて控え目な表現であるようにみえる。一九六〇年代後半から、多数の家族が多かれ少なかれ、実質収入の増加を享受し続けている一方で、下位一〇パーセントの家族の収入は、多数の家族との相対的な差だけでなく、実質収入においても減少している(Hills,1998)。このことは、たんに所得の不平等が増大していることを示しているのではない。所得の二極化と同様に、同期において、ロバート・パットナムが「社会的資本」(social capital)と定義した無形の資源——ネットワーク、信頼、社会的なつきあい——へのアクセスにおける不平等が増大しているのである(Putnum, 1993)。一九七〇年代以降、イギリス人が全般的に自発的な活動に積極的になっていく一方で、技術労働者やその家族の会員数が大幅に低下している(Hall, 1999)。このことはとくに重要である。それは、多くの人々が、自ら受けた教育・訓練を、労働市場もしくは日常生活やその他の領域において有形資産に変えることができるのは、そうしたつきあいや情報ネットワークだからである(Emler and McNamara, 1996)。

生涯学習に向けての一般的な動きによって、あたかも機会が増えるようにみえるが、それはまた、不平等の拡大を助長し、またすでに社会にあった不平等を守ってきたのかもしれない。この矛盾した発達は、多くの理由により起こってきたが、ここではとくに意味のある四つの理由をあげてみたい。

(1) 技能がないと見なされる人々には選択の途が閉じられていること。

(2) 一般的な期待が高まること。

（3） 貧困と福祉に関する新たな政治。
（4） 新たな学習文化の不在が不平等を正統化するメカニズムになること。――つまり、不平等それ自体が、生涯学習の理念と実践を受容することから部分的に生起すること。

第一に、承認された技能のない人々には職が少なくなっている。労働市場においてもっとも際立った最近の変化の一つに、一九八〇年代初期から、資格と経験のない人々へ開かれた職数が確実に減少していることがあげられる。たとえば、一九八六年から九二年までの間で、イギリスで、何の資格も要求されない仕事の割合は、六パーセント減少している（Gallie and White, 1993, 21）。これはイギリスだけの現象ではない。国際成人リテラシー調査によると、一九九〇年代中頃において、十分な読み書き能力のない人々の失業率は、およそ一八パーセントであった。それに対して、その他の労働力人口の失業率は八パーセント以下であった（OECD, 1997a, 164）。この過程は、部分的には「資格インフレ」の副産物であるが、それが広範な技能の向上過程と関係があるという証拠がある（Dore, 1997; Gallie and White, 1993, 21）。

もちろん、依然として、なんの技能や資格も要求されない仕事、もしくは以前に比べて低い技能や資格しか必要とされない仕事は多くある。バーコードの導入によって、スーパーのレジ係は、読むことや計算する能力を要求されないし、ハンバーガーショップの店員は、適当なアイコン（湯気の立ったコーヒーカップなどの）ボタンを押すだけで、計算ができる。しかし、かつてよりも、こうした仕事は減っている。とくに、世界規模での競争相手が、西洋諸国よりも、驚くほどの低コストで脱技能化された労働力を提供しているところではそうである。

さらに、知識経済の出現は、過去において技能をもたない労働者が仕事にありついたような、インフォーマルな出会いや家族の力によって職を得ることを難しくしている。急速な技術と組織の変化は、技能やノウハウに影響を与えるだけでなく、仲間内のネットワークを時代遅れのものにしてしまう。個人の社会資本の価値は、下降と同時に上昇しうる。そうした環境では、資格が選別装置として次第に重要な役割を果たすようになる (Rubenson, 1992, 27)。知識経済においては、認定された技能のない人々には居場所がなくなるのである。

さらに、高い資格をもった人々と無資格の人々との間のギャップは、開きつつあるようにみえる。たとえばオーストラリアでは、学位を取得している人数が増えるにつれて、学校の卒業資格の相対的価値は、長期的には下落している。しかし、まったく無資格の人々へのペナルティは増えている。そして、資格への見返りが下落するよりも、まったく無資格の人々に対するペナルティははるかに増えている。このことは、無資格に対する資格の相対的な価値が増大していることを意味している (Marginson, 1995, 69–71)。同様なパターンはアメリカでもみられる。アメリカでは、一九八〇年代中頃と一九九〇年代中頃の間で、ハイスクール卒業資格のない労働者に比べて、学位をもっている労働者の収入の増加は三四パーセント上回った (Sennett, 1999, 88)。

同様な傾向は、成人の学習にも影響を与えているのだろうか。すでに十分な資格をもった人々によって、新しい成人教育が熱心に受け入れられているようである。全体の参加率が安定していた一九九六年と一九九九年のイギリスでの調査データで比較してみると、専門・経営職の社会集団で、現在または最近学んだ人の割合は、その間に五三パーセントから五八パーセントへ上昇している。興味深いことに、年齢集団についてみると、もっとも上昇したのは四五歳から五四歳の年齢集団であり、三六パーセントから四一パーセントへの上昇であった（Tuckett and Sargant, 1999, 12）。フィンランドでは、成人学習への参加率が、高等教育卒業資格をもった人々は三一パーセントであったのに対して、中等教育卒業資格だけの人々は一六パーセント以下であった（Tuomisto, 1998, 158）。したがって、社会階層の頂点においては、学習の不平等が、物質的な不平等のうえに積み重ねられているようにみえる。

高まる期待

第二に、社会一般の期待が高まっている。通常、近代社会では、人々は、日々出会う人が幅広く読み、書き、計算をして、論理的矛盾のない会話をしていると思っている。このことは、以前の世代よりも、高い質の学校教育から利益を得てきた人々の大半についてあてはまる。たしかに、今や多くの高齢者が相対的に裕福な生活をしているし、かれらの「消費中心の退職後の生活スタイル」は、「社会的先覚者の部類」に入る（Gilleard, 1996, 490）。退職のパターンによって、その後の学習を受け入れるようになっている。当初は、大学の構外クラスや同様の公的形態の学習機関で存分に学ぶことがしばしばみられたが、こうした退職後の生活スタイルでの学習は、今ではノンフォーマルな学習機関へ移ったようにみえる。しかし、この文化資本において豊かで融通がきき自信をもった集団は、たとえ孤立した少数派（Gilleard, 1996, 491）ではないとしても、すべての高齢者を代表する人々でもない。

学力水準が下がっているという神話はそれ自体、社会の期待が変わりつつあることを説明している。一連のリテラシー・計算能力の水準についての調査では、イギリスのような欧米の国家では、最近学校を卒業した人々は、それ以前に学校を卒業した高齢者よりも文字が読めるし計算もできることを示している。とくに、一二カ国の成人のリテラシー・計算能力を判定する国際水準尺度を使用している国際成人リテラシー調査では、確たる証拠が提示されている（OECD, 1997a）。年長者はもっとも能力の低い集団であることが判明している。もっとも、北アイルランドでは、一九八〇年代と一九九〇年代に学校を卒業した若年者について驚くべき傾向が読み取れる（Sweeney *et al.*, 1998）。この結果から言えることは、国によって若干の差異がみられるものの、欧米諸国の学校の水準は、過去五〇年から六〇年の間で、ある程度改善されている。しかし、多くの人々は改善されていることを見ていない。新聞編集者や政治家は、若年者のリテラシーと計算能力の水準が落ちていることを常に嘆いている。しかし事実は、国際成人リテラシー調査や他の調査が示すように、今日の学校卒業者たちのリテラシー・計算能力が落ちているわけではない。逆に、それらは良くなっている。変わったのは私たちの期待の方である。私たちは今や、すべての人が安全のしおり、ビデオのマニュアル、健康・安全に関する規定、地図、メモなどの簡単な

表3　国際成人リテラシー調査（1996年）で，最低の散文識字レベルにある北アイルランド成人の年齢・性別の割合

年齢集団	男性	女性%
16–25	22	18
26–35	17	17
36–45	24	21
46–55	28	28
56–65	41	37
Total	25	23

出所：Sweeney *et al.* 1998

ものを読めることをあたりまえだと思っている。そして、私たちの期待が高まるにつれて、他の人があたりまえにやれるようなこれらのことをやれない人々に対する期待と実態のギャップが広がっていくのである。情報社会では、リテラシー能力が低いということは、これに関連した学習機会を探すことさえ大きな挑戦であることを意味する。

貧困の政治と排除の言説

第三の大きな変化は貧困の政治とかかわっている。一九四〇年代後期における福祉国家の建設とともに、多くのヨーロッパ諸国の社会では、公共政策がすべての市民を完全に雇用することを追求すべきことを、その一方で、働けない人々への金銭的その他の援助をある程度与えることを認めた。極端な不平等は、経済的な損失であるだけでなく社会的団結にとっても一つのリスクであった。

いくつかの信頼できる統計数値によると、こうした時代が終わったことが示されている。グローバリゼーションと急速な変化は、ますます熾烈な競争をもたらし、もっとも弱い人々に対して新たな圧力を生みだし、そのことが社会的排除を増加させている。一九九〇年代までに、ヨーロ

ッパ諸国の政策立案者は、より少ない資源を得ている人々を描くのに、貧困や不平等の代わりに、社会的排除や社会的包摂という言葉を使い始めた。この言葉の変化は、政治的態度の変化を意味したのか。私はそうだと思う。西ヨーロッパ諸国の政策立案者が、OECDや欧州委員会の長老がそうであるように、排除という言葉を手に入れたという事実は、その変化が現在進行中であることを示している（Field, 1998, 141–2）。簡単に言えば、このことは社会の変化への懸念から離脱して、資本主義が今や街角の唯一のゲームであることを示している。不平等の構造的な要因に対して闘うよりも、政府の任務は既存の社会秩序への「包摂」を促進することだということを、新たな排除の言説は示している。しかし、私たちはさらに進んで次のように考えることができる。過去において貧乏人は貧乏人だった。かれらを自らの運命の創作者と見なすこともできれば、かれらをコントロールを超えた力による犠牲者だと見なすこともできる。今日では、失敗は、ますます多くの人々――植字工、坑夫、鉄鋼労働者だけでなく株主、ソフトウェア技術者、デザイナー、大学講師まで――に影響を与えうる。

ある論者たちはさらに、もはや貧困を退治する説得力のある大義はないと言う。たとえば、マニュエル・キャステルス（Manuel Castells）とジグムント・バウマン（Zygmunt Bauman）は、脱産業世界においては、今や労働予備軍は実質的に不必要であると主張する（Castells, 1998; Bauman, 1998）。バウマンは、かれの主張について次のような鋭い口調で述べる。「貧乏人は不必要で求められてもいない。かれらは求められていないので、平気で見捨てられる」（Bauman, 1998, 91）。キャステルズにとって、貧乏人は、情報資本主義と無関係であるがゆえに排除された、新たな「第四世界」(Fourth World) である (Castells, 1998, 162-4)。かれらは常に私たちと一緒にいるかもしれない。しかし、私たちはもはやかれらのサービスを必要としていない。このことはたしかに誇張である。デイビット・バーン (David Byrne) は、バウマンの論文への重要な批判において、情報資本主義とかかわりがないどころか、貧乏人のみが「貧しい仕事」(poor work) に利用できるがゆえに、欠くことができない存在であることを強調している。つまり、影のような活動領域で少なからず存在する低賃金や不安定な仕事は、経済のメインストリームの周辺にあるが、にもかかわらず、経済を上昇させ支えている。それらの仕事は「今や創造されつつある新たな形態の資本主義における継続的蓄積にとって……必要である」(Byrne, 1999, 56)。社会的に排除された人々が周辺化されるのは、(世間一般の定義による) 資格や技能がないためである。しかし、そうした欠点は新たな資本主義においては利点でもある。その極端な柔軟性は、短期間の仕事だけでなく、散発的な仕事、準法的 (semi-legal) な仕事、さまざまなインフォーマルな仕事 (ハウスクリーニング、ベビーシッターから、気晴らしの薬物を売ったり、国境を超える際に課せられる関税逃れのビールや煙草を運ぶような軽い犯罪まで) のための余地を創るのである。これらの散発的でインフォーマルな仕事に必要とされる教育はせいぜい「知恵をもっていること」(streetwise) である。新たな資本主義の周辺部では、知りすぎることは時として危険であろう。しかし、周辺部では未来の大半はないのだ。

同時に、大多数の市民はより快適になってきた。そして、欧米世界の有権者たちは減税に賛成する投票を行ってきた。少なくとも、知識社会への移行によって、貧困と不平等の政治が変化したことは論理的に納得できる。産業社会では、組織化された労働が、労働者階級の家族の安全を保障するものとして、普遍的な福祉サービスを要求できた。しかし、ウルリヒ・ベックが指摘するように、知識と資本による労働の置き換えは、組織化された労働が欧米世界において権力と影響力を失ってきたことを意味する（Beck, 1997, 166）。現代の社会的・経済的変化は、とくに、肉体労働階級の社会的・政治的環境を動揺させてきた。ペーター・アルハイトは、詳細に、ドイツにおける都市労働階級にとってこの過程が意味するものを描いている。かれは、次のように言う。労働者を取り巻く「生活世界」（life world）が伝統から脱しその意味の多くを失うにつれて、勝者と同時に敗者が存在している。勝者とは、アルハイトによれば、労働者階級の娘たちであり、かの女たちは、男たちをおさんどんするのにまとわりつく家族や共同体という狭い圧力をもはや受けていない。敗者とは、自分の行き先を見失ない、おおいに疎外されるかもしれない若者たちである。そしてさらに、これらの二つの極の間のどこかに位置する多くの人々がいる（Alheit, 1994, 186–7）。

さらに、社会の変化に伴って、「持てる者」（haves）の「持たざる者」（have nots）への社会的義務という感覚が小さくなってきた。ベックは、この希望なき人々への義務感覚の浸食は、裕福な人々の世俗化とグローバル・アイデンティティの増大によるものとみている（Beck, 1997, 166–7）。

しかし、少なくとも次のようにも言える。民間のヘルス・ケア、住宅、年金、教育に資金を投下する人が多くなればなるほど、かれらに高い税金と強力な福祉国家を公約とする政党に投票するよう説得することは困難になる。現在の欧米社会でもっとも傷つきやすい人々には、福祉用語で、「判定される集団」(groups judged) の出身者がいることを前提とすると、このことはとくに重要なことである。たとえば、クリス・ギラードは、次のように述べる。高齢成人のかなりの多くの間で浸透している裕福で消費志向のライフスタイルが、今や「老後の福祉の構築を取り巻くある確かなものを削り取るような脅威となっている」(Gilleard, 1996, 490)。

包摂という言葉は、社会的連帯にアピールするよりもむしろ、貧者に対する中間階級の恐怖への人間主義的な対応を提供するものである。社会全体にダメージを与える排除に対する恐怖は、驚くほど拡がっている。そのため、イギリス政府の「教育・訓練対象者に関する国家諮問委員会」(National Advisory Council on Education and Training Targets) は、一九九八年に次のような警告を発した。

社会的排除は高くつく。それは社会保障システムに強いる重荷のためだけでなく、たとえば、社会の貧困層が被る少年少女の非行と不健康のレベルが上昇することから生じる間接的なコストのためである(NACETT,1998,13)。

さらに、排除された人々は、自分たちの子どもにその排除を引き渡す（Bentley, 1998, 106）。極端な場合、これが排除されたかれら自身の恐怖を覆う。解説者によると、かれらは確実に最下層階級（underclass）になっていく者として描かれている。幅広い社会的ネットワークから確実に脱落し、犯罪と福祉給付のなかで生きている下位集団がつくられるリスクがあると論じる際に、この仮説を主張している人々は、先進的な社会のなかで、とくに「下層階級の若い男性」（lower-class young males）に注目をしている。その若者たちは労働市場から切り離され、その結果、社会全体からも切り離されるのである（Murray, 1990, 18–19）。アメリカで、マレイは、訓練・教育プログラムが相対的に無力化している、なぜなら、それらのプログラムが「もっとも必要としている人々に届いていないからだ」（Murray, 1990, 33）と主張した。そうした考え方は、ヨーロッパではアメリカほど広まっていないが、排除と反社会的行為の認知される結びつきは、前章で注目している職業訓練の強制を正当化するのに利用されうるのである。少なくとも、それらは問題を定義し論議する言葉と枠組みを提供しているのである。

生涯学習と社会的不平等の関係は、ますます他の政策の領域にも影響を与えている。多くの西欧諸国では、福祉国家による給付が、責任の所在を政府から逸らして個人に向ける方向に改変されつつある。たとえば、健康促進の分野では、次のようなことがまことしやかに論じられている。「もしも自らの選択を可能とするような、個人的な資源を持たないのであれば、ライフスタイルの選択をするための情報を与えることは矛盾している」と（West Belfast Economic Forum, 1994, 6）。

同様のことが個人の資産計画、障害者のケアや、住宅政策についても言われている。この論議はさらに進んでいく。たとえば、学習社会では、個人の安寧をめぐる、新しい情報の意味するものを獲得し理解できる者として扱われることによって、逆に、公的サービスを通して利用可能である資源を削減することが正当化されることになる。もちろん、これは「構造的差別」の一形態であるが、多くは注意または挑戦されることなく通り過ぎていく。雇い主などが人々を差異化して扱うことを正当化するような特性を個人化することによって、生涯学習へ向けた取り組みは、排除された人々を断片化して、個人的な解決へ向けた探究を奨励するのである。そして、このパターンは、福祉国家がその焦点を「受動的支援」から「積極的参入戦略」に切り替えるなかで、他の社会生活の領域を通して再生産される。個人が自らよりよく生きるための積極的な責任をとるために必要とされる技能や知識を獲得できる時、訓練を含んだ生涯学習はもっとも意味あるものになるのである (Rosanvallon, 1995)。

正統化された不平等

最後に、生涯学習は不平等の正統化に奉仕するかもしれない。生涯学習を積極的に評価するより個人主義化された社会では、組織化された教育・訓練へうまく参加することが、ヒエラルキーを隠匿し中和する機構として機能する (Stauber and Walther, 1998, 38–40)。たとえば、差別を無効にする雇用機会均等法がある場合、成功した候補者から、応募がうまくいくためには、どのような資格が必要なのかを正確に求人広告のなかで述べることが基本である。しかし、異なる範疇の人々の間で不公平に資格が分配されている場合、仕事へのアクセスは実質的には平等ではない。

それゆえ、この観点から言えば、生涯学習は包摂と排除の過程で中心的な役割を果たしている。それは、多かれ少なかれ受動的に、ただたんにいたるところで生起している過程によって影響されているのではない。実際には、特別な集団および個人が、自らの利害を前進させ、自らの要求を強めるために生涯学習を利用しているのである。それは、個人または共同体が将来へ向けて価値のある投資になりえるかどうかについての外部指標として意味をもつ。そして、生涯学習が享受している圧倒的に積極的なイメージのなかに、その成功の一部がある(Stauber and Walther, 1998, 40)。このプラス・イメージは、しばしば、権利を奪われた人々が、自らの失敗に対する(公正な)報いと考えて、排除を受け入れる傾向にあることを意味する。アンソニー・ギデンズは、個人の価値についての感覚に大きな打撃を与えるように、この過程が個人に内面化されていくことを次のように述べている。

物質的な剥奪の効果のうえに、広範な社会秩序における再帰的結合からの資格の剥奪が加わる。ここで、排除のメカニズムは、知識に基礎を置いたシステムの技術的支配からくる権力様式への服従にかかわるだけでなく、自己の統合への攻撃も行う(Giddens, 1994, 90)。

成人の学習には自信と内発的な動機づけが大切であることを前提にすれば、この自己懐疑と不安の内面化は、有能な生涯学習者としての確固たるアイデンティティを構築する可能性を損ない攻撃することになるのである。

もちろん、こうした事態はさほど新しいことではない。初期の産業化も、労働者階級内部での同様な階層化や、特殊な集団間での技能やノウハウの獲得と結びついていた。チャールズ・ディケンズとフリードリッヒ・エンゲルスは、他のビクトリア期の多くの評論家が書いていたように、技能をもった職人を「労働貴族」として描いた。かれらの自己改善へのまじめな献身は、しばしば尊敬に値するバッジとして貢献し、また尊敬に値しない貧者とはほとんど共通性をもたない集団として、かれらをはっきりと際立たせた（Field, 1979）。そこで、今日の知識の豊かな人々と、知識の貧しい人々の間の違いは、たんなる程度の違いなのだろうか？　あるいは、情報社会において、何かより本質的なものが危うくなっているのだろうか？　というのも、もしそうならば、初期教育・訓練への平等な接近と、初期において失敗した成人のための補償教育や補習教育を保障するというこれまでの政策による解決は、役に立たないからである。

「知識の貧者」とは誰か

生涯学習は、利害関係をはっきりさせ、埋め込まれた不平等を助長する。同時に、それは社会的開放性・流動性の表明であり原因でもある。そのため、平等と不平等の問題は、欧米社会において、生涯学習へ向けた動向についての社会的な顛末を理解するうえで、本質的に重要である。そこで、新たな知識の貧者とは誰であり、かれらが直面しているのは何なのだろうか。

最近のある権威のある調査によると、社会階級は「学習への参加を理解するうえで鍵となる差別要因でありつづけている」(Sargant *et al.*, 1997, 12)。一九九九年の権威ある研究では、上流・中流階級出身の人々(これは社会集団AとBにあたる)の半数以上が、現在もしくは最近、学習をしたと回答している。それに対して、熟練労働者(集団C2)では三分の一、不熟練労働者(集団DとE)では四分の一にとどまっている。こうした相違は、将来の意志として上がってくる数字で、集団ABの五〇パーセントが、集団C2の三四パーセントが、集団DEの二七パーセントが学習を始める時に際立ってくる(Tuckett and Sargant, 1999, 13)。しかしながら、国立成人・継続教育研究所(NIACE)の調査では相対的に明確な学習についての定義が使われているが、学習への参加パターンの分析に使われたカテゴリーは相対的に粗雑である。一九九七年の全国成人学習調査では、より異なった研究アプローチが採られた。もちろん、そこで使われた学習の定義の幅によって、その価値も影響を受けているのであるが。この幅の広い定義を使うと、専門職と経営層のグループでもっとも学習参加率が高く、専門職と準専門職では九五パーセントにも及ぶことがわかる(表4参照)。この調査は、職業に関連した学習と同時に非職業的な学習への専門職と準専門職の参加がもっとも高いレベルにあることも示している(Beinart and Smith, 1998, 55)。仕事に就いていることも分かれ目になっている。四年半以上の期間に、仕事に就いている九〇パ

表4　最近なんらかの学習をした職業集団別の割合
（フルタイムの継続教育にある人を除く）

職業集団	学習者の割合	職業についての学習者の割合	職業以外についての学習者の割合　%
経営管理職	79	74	30
専門職	95	92	39
準専門/技術職	95	92	41
事務職	83	76	36
手工業関連職	71	66	26
対人援護サービス職	78	73	25
販売職	73	67	26
工場・機械作業職	64	59	17
その他	60	53	22

出所：Beinart & Smith 1998, 55.

ーセント以上の人が、一九九九年の調査で、なんらかの組織化された学習をしたと回答している。それに対して、仕事に就いていない人では四七パーセントにとどまっている（La Valle and Finch, 1999, 10）。最後に、産業界のなかには、何よりも訓練に多くの支出をしている所もある。とくに高いのは、研究・開発費が高いレベルに達している部門と並んで、非輸出サービス部門やハイテク部門である（Greenhalgh and Mavrotas, 1996, 139）。ある労働力調査の分析（DfEE200, 9）によると、イギリスでは、訓練を提供している企業と、ほとんどまたはまったく訓練を提供していない少数の企業の両極化が進んでいる。

ある観点からみれば、社会階級による偏りは予想できたことだとも言える。そのことは何も新しいことではない。成人教育は常に熱心な中流階級の改善者たちを魅きつけてきた。一九世紀初頭には、職工学校（Mechanics' Institute）のブルジョア支援者たちは、生徒たちには下層中流階級出身者があまりにも多すぎる、居てもらいたい職工たちが退学していく、と不平を好んで口にしていた（Wright,1996）。現代社会がこれとどう違うと言うのだろうか？　社会階級は、今や新しい知識を扱い新しい技能を開発する能力と関連している、というのがその答えの一部である。たとえば、「卒業者たちは、急速に浸透していく変化から隔離されるどころか、とくにそれ自体が急速な変化を経験している専門職の職場で働く際に、この急速な変化の及ぼすものの効果によって傷つきやすい」（Candy, Crebert and O'Leary, 1994, 33）ということが広く示されている。学習への積極的な志向――それは積極的な態度、たとえばより月並みな学習の性質だけでなく、新しい考え方やアプローチがエキサイティングでおもしろいといった見方――は、大学院や専門職のキャリアで成功する前提要件になってきている。生涯学習が社会階級の重要な次元になっていくにつれて、「ラーニング・デバイド」の重要性が増大するのである。

もしも社会階級が一つの決定要因であるならば、ジェンダーは第二の決定要因である。社会階級と違って、ジェンダーは、学習への参加に限定された効果しかもちえなかったようにみえる。国立成人・継続教育研究所の調査によると、女性よりも男性がわずかに多く学習に参加している（たとえば、一九九九年の調査では、現在学習している、または最近学習したと自らを規定しているのは女性が四〇パーセントであるのに対して男性は四一パーセントである）。その差は少なくだけでなく狭まりつつある。将来の学習の計画は男女別に区別がつかない（Tuckett and

Sargent, 1999, 7)。学習とみなされるものについて幅の広い定義を用いると、全国成人学習調査（National Adult Learning Survey）では、若干男女差が大きくなっている（現在または最近、学習したと回答したのは、女性が七〇パーセントであるのに対して男性は七八パーセントである）。これは、男性が女性よりも、非常に短い期間の学習に参加しやすいことを示している（Beinant and Smith, 1998, 38）。四年半以上もの間、男性の八五パーセントはなんらかの学習をしたと回答している。一方、女性は七七パーセントである（La Valle and Finch, 1999, 11）。しかしながら、ジェンダーによって、異なるタイプの学習をしているようにみえる。一九九七年と九九年の調査によると、男性は女性よりも自律的学習にかかわりやすい。その主たる理由は、非教授形式の学習が労働とほとんど関連しているからである（Beinart and Smith, 1998, 210; La Valle and Finch, 1999, 11）。どちらの調査でも、教授形式の学習についての男女差はほとんどない。教授形式の学習を、さらに職業的なものと非職業的なものに分けると、男女差がはっきりしてくる。職業に関する学習では、男性と女性の差は一一パーセントであるのに対して、非職業的な学習では、女性のほうが男性よりも参加しやすいようだ（Beinart and Smith, 1998, 51）。もちろん、これらの粗データは、女性の学習と男性の学習の質的な差については何も語っていない。しかし、このデータによると、総計における表面的な相似のもとに、ジェンダーによる不平等が、学習機会の分配に重要な役割を果たしていることがはっきりしている。

階級、ジェンダーとならんで、年齢は学習への参加をめぐる第三の決定要因である。しかし、年齢の場合、参加することを単純に利益と同一視することは難しい。もしも参加することがたんに「よいこと」(Good Thing) であると理解するならば、事実ははっきりしている。若年者層はたくさんのものを獲得し、高齢者層はほとんど獲得しない。このことは、教授形式の学習と同様に、インフォーマルな自律的学習についても言える。一九九七年のイギリスの調査では、過去三年間に、二〇歳代の人々の三四パーセントがなんらかの学習を自分でやったが、六〇歳代の人々についてみるとそれは二〇パーセントにとどまった (Beinart and Smith, 1998, 210)。このことについては、もう一つの見方がある。それは、年齢を重ねることの利点は、科目や試験を受けなければならないということへの圧力を弱めたり消したりすることである。

さらに最近、高齢成人の参加が低下しているという証拠がある。一九九六年と九九年のイギリスの調査データによると、六五歳以下のすべての成人年齢グループで、現在および最近の学習への参加が際立って上昇している。九六年から、六五～七四歳の高齢者年齢グループでは、参加率は一九パーセントから一六パーセントへ下落している。七五歳以上では、一五パーセントから九パーセントへ下落している (Tuckett and Sargant, 1999, 11)。このことが、八〇年代後期から九〇年代初期にかけて、全国・地方レベルで採用された政策によって創られたイギリスの際立ったパターンであるかどうか、あるいはそれがより実質的な基盤となる傾向を示しているかどうかは、はっきりしない。この集団は、新たな成人学習の興隆とより整備された成人教育の提供から取り残されている。それゆえ、イギリスで高齢成人にひじょうに人気のあった地方教育当局による成人教育や大学の構外教育の提供は、九〇年代初期に導入され九七年以降も大部分維持された政策上の変化によって打撃を受けた。同時に、引退や病気で仕事から離れた人々は、仕事に基礎をおいた学習の展開から利益を得ることができなくなっている。

しかし、私たちは、年齢に基づく過度の一般化について、他のケースと同様に、注意深くあるべきである。年齢による不平等をめぐる多くの議論は、高齢者の予想される不利益とかかわっている。このことはよく理解できる。今日の欧米社会の価値によると、若い人が誉められ、年老いた人がばかにされる傾向にある。しかし、表面的にこの言説を受け取ったり、（理念型としての）若い人々のイメージが公共空間を支配しているというだけの理由で、かれらを特権的な人とみることは、大きな誤りであろう。なによりも、それは、七〇年代後半から、若い人々を「貧しい仕事」（poor work）へと追いやり、十分に保護された傷つくことの少ない雇用環境からかれらを排除している、システマティックで構造的な力を無視することになる。たとえば、九〇年代中頃には、イギリスの二五歳から三四歳までの人々の五分の二が、少なくとも一回は失業を経験している。これは労働市場のなかで、とくにもっとも高い年齢層である。バーンは、かれが「年齢に関連した効果」（age-related effect）と呼んだもの（より正確には、世代効果と呼ばれる）に注目している。それは、「労働市場に入った人々が、ポスト・フォーディズムになるにつれて、その不利益を直接経験しているからである。フォーディズムのもとで労働に従事してきた人々は、そのシステムの利点を保ち続ける」（Byrne, 1999, 92–3）。ＥＵレベルの労働市場の状況についての調査は、同様に、七〇年代中頃からの若年労働市場の崩壊と非熟練労働者の雇用機会の減少が、新しく出現してきた仕事の多くを充足するために女性労働力を供給してきたことと結びつく点に言及している（Rubery and Smith, 1999, 18）。

もしも調査データがなんらかの指標であるならば、人種は、学習への参加を決定するうえでマイナーな役割しか果たしていないようにみえる。一九九七年のイギリスの全国成人学習調査によると、自らを「白人」（white）と記述した人々の参加率と、他の人種集団の人々のそれには、違いはなかった（Beinart and Smith, 1998, 45）。これは重要な調査結果ではあるが、このことが異なる集団間での学習への参加が平等のシグナルであることを意味するのではないことを、今一度強調しておく必要があろう。これ以外には、大規模の調査結果からは限定されたことしか言えない。というのは、調査に含まれている人種的少数派の人々の数が、さらなる分析をするにはあまりに少ないからである（たとえば、一九九七年のイギリスの成人学習調査では、五一三一人の回答者のうち、「白人」以外であると記述したのはわずか一七九人だった。）。

もちろん、参加についての証拠の多くは、そうした大規模調査に拠るものである。このタイプの証拠は、参加の結果と意味について、ほとんど何も語らない（Usher and Bryant, 1989, 109）。そこで、リチャーズ・エドワードは、分析上で意味のある範疇としての参加概念そのものについて挑戦をした。というのは、参加という概念は、ひじょうに広く多様な活動と変数の集まりを含んでいるからである（Edwards, 1997, 117）。高等教育に戻った成人についての研究から、リンデン・

ウェストは、「人々の研究者への回答は、尋ねられる質問とそこで用いられる方法、さらにそれらの底を流れている前提によって、形づくられる」と論じている。つまり、成人学習調査の場合、回答者は、娯楽や自己充足のためよりも職業的な動機の方が理解されやすく正統なものとして受け取られると仮定しがちである。ウェストが面接した一人であるケイシー（Kathy）は、最初は専門職の資格をとるためにある科目を受講したと説明していた。しかし、その理由は、少なくとも仕事と同様に自己の満足や成長に同じぐらいかかわっていることが判明した。ウェストは次のように結論づけている。「職業的志向性は、個人のアイデンティティと自己をめぐる葛藤という長期にわたる物語のなかのほんの一つの要素でしかない。」（West, 1996, 34, 206）

しかし、それでも、その物語が完成するわけではない。ウェストは、特徴的な学習の物語は、積極的で解放的な意味の探求であると考えている。私がしばしば自己が形成されていることを発見するというのは、一つの仮定である。おそらく、その仮定は、教育機関で働いている他の多くの人々によって共有されているのである。しかし、学習への参加が、抑圧、退屈、失敗の繰り返しという物語になる人々もたくさんいるのである。多くの人々にとって、学習への参加は個人的な選択やアイデンティティにかかわることではない。それは支持に従うという事柄なのである。

学習への強制参加

もしも生涯学習に多くのことがかかわっているならば、――個人の雇用価値、会社の生き残り、国家の競争力など——、あらゆる障碍を取り除いたところで、学習社会でやる気のない人々に対して何がなされるべきであろうか。永続的な生涯学習の言説が拡がりをみせ、継続的な専門職教育やたえざる職務の更新が話題になり実践されている。そうしたなかで、人々が生涯学習を基本的な生き残り策としてみなし、しばしば広く受け入れられていくなかで、ある程度の抑圧も出始めている。内面化された期待とは、かなり多くの成人——おそらく多数派——が、もしも危機的な社会で生き残り成功したいのであれば、学習をやらねばならないものとしてみなしていることである。サンプル調査によると、すべてのヨーロッパ人の半数以上が、自ら「継続的な教育や訓練は必要である」ことに賛成している（CEC, 1996b）。

多くの人々にとって、学習することの重要性は、暗示的でありほとんど語られない。しかし、それはますます明示的になってきた。最近のオランダでの政策文書は、学習の障碍を取り除き、学習に関連した機会を提供することに、全国生涯学習行動計画は貢献していることを要約したうえで、次の点を主張し続けている。

> このことは、すべての人を巻き込むことによって遂行される。しかしながら、その鎖はまだ弱々しい絆のようなものだ。……老いも若きもすべての人々は、まずあたりまえのことであるが、自分自身に責任をもたなければならない。あなたは、あなた自身の面倒をどのように見ればよいかについて学ばねばならない。それから、あなたは、そうするために、知識と技能を獲得しようと欲さなければならない。

これに参加しない人は、自分の責任について思い知ることになるであろう（Ministry of Culture, Education and Science, 1998, 9）。

イギリスでも、同じようなレトリックが用いられることがあるが、そのためフランク・コフィールドは、生涯学習は「道徳的権威主義」によって刻印され、「強制による脅し」によって支援された「最新の社会統制の形態」になってきたと言っている（Coffield, 1999, 9–10）。しかし、このいつの日かについての運命の予言は、その論点を見誤っている。ますます多くの人々にとって寿命が延びていることによって、生涯学習はすでに義務となっている。そして、このことは、とくに、雇用されている人々や失業中で給付を受けている人々に、あてはまるのである。

成人を職業訓練に強制参加させることが、日常茶飯事になっていることを忘れがちである。今では、職業訓練への参加を拒否する人々に開かれていない活動についての長いリストが存在する。これらのいくつかは長らくにわたり確立してきたものである。たとえば、自動車の運転は、正式に認定されるテストに合格した人々にだけ開かれた共通の公的活動である。この期待に沿うことを拒否する人々に対して及ぶ社会的統制について、誰も不平を言うことはない。また、航空機のパイロットが毎年、自分の技能を高めることを期待されていることを、またフットボール選手がほとんど毎日トレーニングをするように求められることを、嘆き悲しむ人はまずいない。これらは巨大な氷山の一角なのである。

強制をつくり出す要因の多くは外部要因である。それらは——世間一般で定義されてきたような——被雇用者が仕事を遂行するのを援助する技能とはほとんど関係がない。これらの外部要因のなかでもっとも重要なのは次の通りである。

・法律上の要件　これはたとえば、ＥＵによる職業上の安全や健康上の規定のように、職場の代表者が特定の基準に向けて訓練されるように、ＥＵ各国が自国の法規とするように求めているものである。

・規則上の枠組み　これは、特殊な産業や職業が継続した業務を行う条件として、訓練に基準を設定するものである。

・契約上の同意　これはたとえば、オンライン取り引きへの移行にあたり、社員が新しい方式や手順に訓練されるように、契約者が手続き上の大幅な変更を求めるなどの場合である。

・得意先もしくは顧客からの期待　たとえば、首都警察が反人種差別の訓練活動を行うべきであるという、スティーブン・ローレンス殺人事件後の決定がこれにあたる。

・専門職団体による要件　これは強制的な継続職業開発を含むものであり、入職時に必要とされる特定の資格を超えたものである。

これらの外部要因に加えて、自らの内部的な要件を確立している組織もある。雇い主が、すべての労働者に強制参加の訓練を適用している場合もある。ニュージャージー州の多国籍企業で、四〇カ国以上の約七万人の労働者を雇用しているアライド・シグナル株式会社では、毎年四〇時間以上の訓練をするように求めている（Wilson, 1999, 51）。身近な所では、規律的な活動をさせる代わりに、平均以下と判断された労働者に義務的なカウンセリングを受けるように求める雇い主もいる（MacEarlean, 1999, 9）。

これらの発展の規模は驚くべきである。たとえば、ウェスト・ミッドランド州の二万六六七世帯を対象とした調査によると、働いている人の約三六パーセントは、これまでに職業関連の教育・訓練を受けた経験をしている。これらのうち、訓練についてもっとも大きなテーマは法律上の規則に基づくものである。実に二六パーセントの人が、健康、安全、環境保護の分野だけの訓練であったと答えている（West Midlands Regional TECs, 1998, 73）。雇い主が要求しているから訓練を受けたという回答がもっとも多いのに伴い、同報告書の著者は、「この地域では、雇用者からの強制が、訓練の主たる理由であることは明らかである」と結論づけている（West Midlands Regional TECs, 1998, 74）。これらの訓練の多くは短期間のものであり、世間一般で定義されてきた技能とかけはなれている。たとえば、「仕事への第一歩」（First Aid at Work）は、通常一日だけである。

雇用されている労働者に加えて、失業者にも強制参加が実質的な決まり事になっている。公的給付のシステムをもつ国々では、失業者が給付を受けるための条件として、通常、訓練を受けることが要求されている。失業者への訓練の多くは、欧州構造基金（European Commission's Structual Funds）（詳細は Field, 1998 を見よ。）を通して一部補助金が出されるので、EU内部では訓練が、明確に規定された段階で――二五歳以下は失業後六カ月後に、二五歳以上は失業後二年後に――、強制されるのが一般的である。ある私企業セクターの訓練者が次のように語っているように、参加者たちが自らの動機に基づいて出席していないことは明らかである。

A：私たちにとって大人の大きなグループは、単なる落ちこぼれです。ごらんのとおり。かれらは落ちこぼれで、どうして学校を出て一〇年たってまた学校へ戻らなきゃならないかわかっていません。かれらが授業に戻りたいかって？　学校に戻りたいなんてことはないです。かれらを授業に連れてくるのはものすごく難しいんです（Training Focus Group, Newtownabbey, 21 October 1997）。

さらに、たいていの欧米諸国では、失業者は学習に強制参加するかなりの規模の集団を構成している。若年失業者を対象としたニューディール・プログラムは、最初の六カ月間で、イングランドだけで約六万人を動員した（DfEE, 1998b）。

しかし、重要なことは強制の規模にとどまらない。強制の拡がりによって、参加についての私たちの考え方を再考せざるをえなくなった。これまでずっと、非参加者は、成人教育の研究者によって、積極的な機会に平等にアクセスすることを否定された社会構造の犠牲者だとか心理的欠陥者として見なされてきた。参加者は、他方で、意思をもった有志としてみなされている。この意思をもった学習者という見方は、成人教育学のなかに埋め込まれてきた。それは学習者が知識にアクセスしさらに知識を創り出せるように援助する「民主的で参加的な教育学」を使いながら、「教師と学習者の対称的な関係を発展させ維持する」（CEC, 1998b, 9）能力によって特徴づけられている。しかし、生涯学習が一般化して、成人の大部分の参加が自発的ではないなかで、これら一連の受容された考え方は挑戦されなければならない。

はっきりとした困難の一つに、動機をめぐる、若い人たちの間にある能動的な「不満」とでもいえるような問題がある。すでに引用した集団討議において、ある訓練者は次のように肉体的威嚇に直面している。

A：それは炭坑の切り羽にいるようなものです。私らはかれらに向かい合って、一度でも何か役に立つことをかれらが得られるようにしなければならないんです。すべて憂うつというわけではないですが、あなただったら成功した物語というのがあるでしょう。だけど、かれらのなかには、そこに送られてきたからそこにいるという人がいるんです。そうなると、かれらはその場を壊し始めるのですよ。

もう一人の訓練者は、（時には報われることがあるが）この集団に動機づけをすることがひじょうに難しいことを次のように語っている。

B：いや、まったく興味をもたない人がいます。もちろん全員ではなくそのうちの何人かですが。かれらはただそこにいるだけです。むりやりそこに引っ張り出されているのです。ある程度興味をもってくれる人もいます。だけど，かれらに興味をもってもらうことはほんとうに難しいです（Training Focus Group, Newtownabbey, 21 October, 1997）。

さらに言えば，これは排除に対する合理的な反応とも言える。長期にわたる失業が，すでに技能，知識，資格（さらに肉体的外見，住んでいる地域といった他の特性）の点で，不利になっている人々を襲ったというのが真実なのだ。それは，失業者の技能，動機，社会的ネットワークを浸食するだけではなく，雇い主による差別的対応のきっかけにもなる。そして，通常は，もっとも不安定な仕事に戻ることになっていくのである。この観点から見ると，とくに失業者救済事業へ参加することは，それ自体が非機能的でありうるし，失業者が利用できない技能を教え込みながら，参加者をレッテルづけしていくのである。

非参加者は排除された犠牲者であるという見方があるが，非参加を自発的な排除の一形態としてみることも可能である。ドイツの作家ダーク・アックスマッハー（Dirk Axmacher）は，これをさらに進めて，抵抗（resistance）の一形態として描いている（Axmacher, 1989, 36–7）。真実は，私たちは，広く深く感じられているものという他には，自らで決定している非参加の積極的な意味についてほんとうは何も知らないということである。たとえば，イギリスでの全国調査において，過去三年間に，学校後の学習をしなかったと回答した人々は（全体の回答者の四分の一に及ぶが），もしあれば，何が何らかの学習をさせたかについて質問された。その回答で，これらの

「非学習者」（non-learners）の半分は、学習をする気にさせるものは何もないと答えている（Beinart and Smith, 1998, 239）。この集団では、若い人々よりも、はるかに高齢の成人の方が、学習をする気にさせるものはないと答えた。すなわち、六〇歳代の「非学習者」の七〇パーセントがそのように答えた一方で、一六〜一九歳ではそれは二〇パーセントであった。また、「非学習者」は、職を得るうえで、資格よりも知っている人がいることの方が大切であり、雇い主は通常、資格の有無にかかわらず、高齢の志願者よりも若年の志願者を選ぶと信じる傾向にある。おそらく、学校時代を楽しんだかどうかは何の違いももたらさないことはやや驚くべきことであるが（Beinart and Smith, 1998, 236–45）。最後に、「非学習者」のアイデンティティが、最初にそうみえたものに、必ずしも固定していないことは、銘記されるべきである。一九九七年の調査では、自らを「非学習者」と回答した人々の四分の一以上が、一八カ月後に、なんらかの学習——通常はかれらの職業に関連した——を行っていると報告されている（La Valle and Finch, 1999, 5）。

全体として、このことは、少なくともアックスマッハーが言うような反資本主義的な意味での、積極的な抵抗の構図を示していない。他方で、それは非合理的な世界観でもない。誰かを知っていることが職を見つける際にとても役に立ち、多くの企業の雇い主が、高齢者を差別することはほんとうである。厳密に言えば、この集団を「非学習者」として描くことは正確ではない。なぜなら、かれらは、この調査が行われた一〇年にわたって、実に多くのことを学んだに違いないからである。しかし、より重要なことは、こうした観点が孕む文化的な深みである。多くのとくに高齢の男女にとって、学校型（school type）ではないことが、かれらの自己アイデンティティの確かな部分を形成するのである。そして、積極的な雇用から去ったり離れているのは高齢成人であり、この人たちが「非学習者」としてのアイデンティティを自由に享受できるのは、もちろんのことである。他の多くの人々にとって、学習は、依然として、選択的というよりは強制的な事柄である。このことは、学習者のみならず、学習提供者にとっても、ゲームのルールを変えていくのである。

強制はたんなる社会統制の事柄ではないし、労働に関連した関心が支配する事柄でもない。自主性を求める消費者の期待が高まること、個人主義化と選択が増大すること、公衆衛生と環境の持続可能性への関心が生まれること、これらがすべて人々の期待を変えるように働くのである。先述したように、もしもリスクや不確実性といった危機を相殺する方法として、自己開発やスキルアップの重要性が、広くたとえ大部分が暗黙にではあっても受け入れられている。しかしながら、「『生涯学習の』ゲームのルール」（the rules of the (lifelong learning) game）を内面化した人々は、より赤裸々な形態の外側からの強制に直面することはないであろう。むしろ、もっとも強制的な形態の強制参加は、理由はなんであれ、学習社会の外側にいる人々にまで、適用されていくことであろう。

人的資本と社会資本

生涯学習への公的資金は、排除されたさまざまな集団への訓練プログラムに対して投入されている。とくに、公的資金の投入は、失業者のための技能プログラムに照準を合わせている。これらの資金投入を正当化することはひじょうにたやすい。失業者は、雇い主が求めている技能を欠いているから、失業するのだ。そして、訓練プログラムによって、失業者は価値ある技能を獲得でき、お金を儲けることもできる。うまくいけば、失業者が手当の受給をやめて仕事に復帰することによって、公的支出を減らすことができる。そして、生涯学習の多くが仕事と関連したものであるので、国家は雇い主と個人に、職に就いて自らの技能開発をすることを任せることができる。それゆえ、潜在的に、社会的包摂の点からの見返りは莫大なものである。しかし、はたしてこうしたアプローチは実際にどの程度うまくいくのだろうか?

明らかに、なんらかのターゲットを絞った訓練プログラムの結果は、さまざまな要因に依存するだろう。それらのいくつかは、プログラム以外の要因である。たとえば、イギリスでは、一九九七年にニューディール・プログラムが導入されたが、その時、経済は着実に上向いており、雇用量の純増が伴っていた。そのプログラムの初年度のマクロ評価では、それを導入しないままに比べて、およそ三万人の若年失業者を減らしたとされた。これは約四〇パーセントの減少を意味する(Anderton *et al.*, 1999, 13)。しかし、ニューディールは、相対的に高くつくプログラムである。それは個々人への集中的な期間のカウンセリングを提供して、その後多くの選択のうちの一つ

（補助金助成による雇用を含む）が提供される。それらの選択の各々は、少なくとも、認定された資格へ向けた何らかの訓練を含んでいる。これらすべてが、その参加者に仕事を探すことを助けることを目的としている。仕事のアドバイス、訓練、就職の組み合わせが、ＥＵ諸国において広く採用されてきた。それは、福祉と労働市場双方に向けた、より積極的で内実のある政策を確認しようとする政策立案者の努力を示している（Rosanvallon, 1995）。

したがって、対象を特定化したこの種の訓練は、相対的に不利益を被っている状態にとって魅力のある解決策にみえるのである。しかし、公的資金を受けた訓練プログラムは、よく知られた困難にも直面する。その一つは、雇い主が、助成からの利益を享受するために、他の労働者よりもプログラムに参加した労働者（実際に参加したかあるいはこれから参加するかにかかわらず）を雇いがちであることだ。こうした傾向を、エコノミストは代替効果（substitution）と呼んでいるが、職への補助金助成が、そのプログラムに参加する企業に他の企業よりも人為的な優先権を与えてしまうこともあり、あるいは他の求職者が、たまたまそのプログラムの基準に合わないために、援助を打ち切られる可能性もある。こうしたニューディールは、初年度には、低レベルの代替効果しか及ぼさなかったが、もしも、労働市場の状態がよくなかったならば、事態は大きく変わっていただろう（Atkinson *et al.*, 1999, 17）。さらに、その訓練なしになんとか職を見出しえた人々や、さもなくば、雇い主と個人が費用を負担したであろう訓練に、公的資金が使われることになるので、（これはエコノミストには死重（deadweight）として知られた現象である）、その一部は浪費されたことになる。というのも、積極的な労働市場プログラムは、典型的には、イギリスにおける初年度のニューディールがそうであるように、半分近くが損失になり、死重を背負い込んでいるからである（Atkinson *et al.*, 1999, 14）。

あらゆる訓練プログラムには、評判が良くなればなるほど、もっとも成功しそうな人々がその「いいとこどり」（cream off）をするというリスクがつきまとう。不利益を被っている人々は、現実のもっとも効果的でない積極的労働市場プログラムに集中しがちであり、結果として、自らの不利益を強化してしまうという自己補強的な循環のなかにいるのである（Campbell *et al.*, 1998, 21）。初年度を通して、ニューディールを修了した人々の五分の一しか、助成を受けた職にありつけなかった。残りの多数は、フルタイムの教育・訓練に入ったか、普通の補助金助成のない仕事を見つけていた（Anderton *et al.*, 1999, 9–10）。ここでは、若年失業者が、ニューディールの直接的な成果としてよりも、労働への高い需要があった時に、労働市場での普段のやり方で、仕事を見つけたことが示された。さらに、もっとも不利益を受けている被訓練者は、もっとも不本意な結果しか得られなかった。たとえば、少数民族の居住地域出身の若年失業者は、白人の失業者よりも、フルタイムの教育・訓練を受ける傾向があるものの、仕事に就くことが難しかったことが報告されている（Hasluck, 2000）。

最後に、国家が運営しているプログラムは、ポスト・フォーディズムの労働市場の柔軟性や順応性に適合しないことがある。官僚的な規制や厳しい監査要件は、個人や雇用主のニーズを蹂躙しがちである。しばしば、ターゲットとなるグループは、福祉の受給者という観点から定義される。イギリスにおけるニューディールは、次のような例を示している。つまり、長期失業者の間でのプログラムの評判は良い。失業者のなかには、参加基準を満たすのに十分な長い期間にわたる福祉の受給者ではなかったが、参加しようとした人もいたのである（Atkinson, 1999）。次々と、これらの基準は、イギリス政府の雇用サービス局だけでなく、その計画にお金を一部出している欧州構造基金（European Structual Funds）の規制からも出されてくる。それゆえ、国家が基金を出しているプログラムの内部には、常に緊張がある。それは、大規模なプログラムを運営し監視することを要求する官僚的な規制に向かう傾向と、ポスト・フォーディズムの労働市場の広く知られている特徴でもある柔軟性と順応性の間での緊張である。

調査結果が示すところによると、これまでの供給側の戦略だけでは、包摂に対しては限られた影響力しかもたない。たとえば、ウェールズへの域内投資家は、失業者からよりも、圧倒的に、すでに仕事に就いている人々から雇用する傾向がある（Rees and Thomas, 1996, 53）。同様に、ただたんに人々に新しい技能を与えることは、以下のような条件が整わなければ役に立たない。その条件とは、人々が（a）常にその技能を実際に応用し、（b）成文化した知識を、暗黙知によって補充することができること、である。たとえば、新しい社会資本を獲得することによってである。つまり、公式の資格や公共メディアを通してだけよりも、むしろクチコミや個人的知識によって仕事を探すことができるように、コネクションやコミュニケーションのネットワークを構築することによってである。

人的資本への積極的な投資戦略を通して、社会資本の構築はできるのだろうか。この問題は、このように厳密には定式化されてこなかったが、新しいものではない。組織化された成人学習に参加することが、より広いネットワークや市民活動に参加することと密接に関連していることは、はっきりしているようにみえる。ブルーカラーの労働者階級集団を仕事に就かせることを目標として、一九七〇年代に取り組まれた成人教育プログラムについて多く引用された報告書のなかで、ジャック・ヘドゥは、「集団行動組織（Action Collective de Formation: ACF）への参加者は、社会的に積極的なマイノリティを構成し、その多くの好意的な環境から利益を得てはじめて、彼らは成人教育へアクセスできたのである」と言っている（Hedoux, 1982, 254–5）。（この調査結果は、ベロニカ・マクギニー（McGivney, 1991）による影響力のあるサーベイ論文のなかで用いられた。そして、ヘドゥ独自の調査結果にはほとんど言及されることなしに、それ以降広く議論された。）ここから次の四点が強調されるべきであろう。

まず、ヘドゥは、人々の参加傾向が広範囲な要因と関係があることを発見した。とりわけ、参加者が技能労働者であり、仕事をもった配偶者がいて、雑誌を定期購読し、自分が失業しそうだと感じており、「世代間での下方移動」（downward intergenerational mobility）を経験している傾向が強い（つまり、父母よりも低い地位の仕事に行き着いたということである）。それゆえ、市民としての参加は多くの要因のうちの一つにすぎない。第二に、ヘドゥの調査結果によると、ある種の市民としての参加が、他のものより、組織化された学習につながる傾向があることが示された。愛国者集団やスポーツクラブや合奏団といった「伝統的な団体」（traditional societies）への参加の影響は限られたものでしかない。それらよりむしろ、ユースクラブや消費者運動などのキャンペーン集団や、（問題となっている場所では、共産党も含まれていたことは確かであるが）政党のような「社会・文化的なつながり」（socio-cultural association）の会員による影響力のほうがはるかに大きい。教育・訓練への参加と、地方の祭りやメーデーの集会のような集団的なフェスティバルへの参加にも、強いつながりがある（Hedoux, 1982, 265–7）。第三に、ヘドゥが相対的に労働組合運動が盛んな炭鉱地域でフィールドワークを行ったことが、強調されるべきである。そこには、予想されていたものの、おびただしい数の男性失業者が将来もそこにとどまることになる。かれの調査結果は、脱工業地域においてあてはまるとは言えない。第四に、ヘドゥ自身、参加は社会的階級間の不均衡をかなり減じるうえで重要かもしれないが、そのことは「労働者階級内部での不平等な社会的過程をかなり永続化していくのを覆い隠す」（mask the considerable perpetuation of inegalitarian social processes within the working class）ことがあってはならないと結論づけている（Hedoux, 1982, 273）。

市民活動を担うのは、すでに十分な教育を受けた人々に集中している。このことは、長年にわたって確立したものであれ新しいものであれ、あらゆる自発的な団体活動についてみられる一般的な特徴である。しかしながら、最近、主な自発的な任意団体の会員数が大きく落ち込んできた。

とくに、労働組合、政党、地方都市婦人会での落ち込みが顕著である。他方で、地域活動の団体や環境保護などの新しい運動では、会員数が増えていることが報告されている（Hall, 1999）。しかし、これらはまったく同じ形態の組織ではない。地域活動の団体がきわめて多様な会員から構成されている一方で、フェミニズムや環境保護といったいわゆる「新しい社会運動」（new social movements）では、活動的な会員や支援者が高等教育を修了していることが一般的である。あるイギリス北部の市でのフェミニストと環境保護運動家についての集中調査において、マリー・シール－チャタジーは、自らの研究主題が、少なくとも三つの決定的な特徴を共有していることを見つけた。つまり、かれらは大学で学び、多くが文化的事業職員として雇用されており、活動することや独立することが高く評価される家庭出身であることである（Searle-Chatterjee, 1999, 270-2）。シンパや偶然活動に参加する人という広い範囲でみても、教育が一つの役割を果たしている。一九八〇年代中頃にドイツで緑の党に投票した人は、全体の有権者に比べて、〈中等教育修了資格（Abitur）〉をもった人が三倍いたことが報告されている（Hulsberg, 1988, 115）。新しい社会運動は、成人の学習の促進にとっても重要である（5章を参照のこと）。しかし、かれらの相対的に狭い会員構成は、かれらが社会的包摂という挑戦には限られたかかわりしかもてないことを意味する。

最後に、多くの社会資本は、その性質上きわめてローカルなものである。親戚や近隣に基づく密接な関係は、しばしば効果的な相互扶助・支援の源泉になりうる。しかし、これらの社会資本のきわめてローカルな源泉は、限られた範囲の利益や資源しかもたらさない傾向がある（Campbell *et al.*, 1999; Field and Spence 2000）。濃密なつながりは、力を与えるのと同じくらい制約もする。パールとスペンサーは、友情についての研究で、「もし人々がリスクをもった社会で生き、柔軟な労働市場から十分な機会を得ようとするのであれば、親戚や民族といった内向きなつながりはあまり役に立たない。むしろ、個人や集団は、身近かなサークルの外部から、資源に接近できるように援助する「橋渡し的紐帯」（bridging ties）を開発する必要がある」（Pahl and Spencer, 1997, 102）とみている。

社会資本――これは共有されたネットワーク、規範、信頼が存在することである――は、インフォーマルな学習の鍵となる（Field and Spence 2000）。人々が互恵的な支援を期待し、高度な相互信頼を享受できる時、社会資本によって理念や情報や技能を共有することができるのである。これによって、人々はより速く新しいものを摂取し、自らの目的を果たすための行動をとることができる（Maskell *et al.*, 1998 も参照のこと）。しかし、社会資本は、包摂と同様に排除のためにも用いられる。つまり、コミュニケーションは外部の集団と共有されないし、信頼できる人々のネットワークの外側から来る新しい考え方や技能も無視されるかもしれない。したがって、注意深い政策的介入なしには、社会資本は通常、とりわけ排除された人々を不平等に適応させることによって、不平等を強化することになる。十分に情報を与えられた信頼に値するネットワークが、不穏な環境において沈まないでいられる最善の方法であり、また、新しい形態の統治が、自発的な地域の組織と協働することに重きをおくがゆえに、この排除のメカニズムは減少するどころか増大しがちである。

学習社会は、成長、発達、充足のための多くの豊かな機会をもたらす。それは迷信や伝統的な階層のつながりから自らを解放するための人間的な闘争の一部として、啓蒙主義の伝統に立つ。それはより開かれた社会の一部であり、知識をもった個人や集団が、自らの努力によって目標を遂行することを可能にする。本章が、たとえば、女性の地位について詳細に述べてこなかったのは、学習社会の開放性を証明するものである。また、多くの国においては、女性を均質的な集団と考えることはできないのである。

しかし、学習社会はまた、情報の豊かな人と情報の貧しい人の間の二極分化を増大させるというリスクを有する。一九六〇年代の終わりに、トルステン・フセーンは、知識が、富の源泉として、産業にとってかわると予言した。

たとえ受け継がれた富があることを仮定したとしても、西暦二〇〇〇年に向けて、社会が、社会的背景を基礎として地位を与えることは少なくなっていくであろう。ますます、教育された能力が、受け継がれた社会的特権に対して、民主主義を代替するものになっていくであろう（Husen, 1974, 238）。

二〇年以上も後になって、同様な論点がリッカルド・ペトレラによって指摘された。

新たな社会階層化の過程は、高賃金で安定し保証された雇用を探す高度な技能をもった労働力（新たな優秀な能力、教育、実力をもつ「貴族階級」）を、せいぜい不安定で低賃金の社会的なスティグマを伴う仕事しかもてない、まったくゼロかほんの少ししか技能をもたない残りのすべての人々から区別しつつある（Petrella, 1997, 24）。

だから、初期教育や訓練から利益を得る個人の能力は、より広い多面的な排除の過程において重要な要素なのである。不平等の源泉として、その重要性は、実際のところますます増大しつつある。

生涯にわたる個人の学習能力はひじょうに重要な資源であり、学習社会の理念は、失敗についての説明を常に用意している。つまり、人々、組織、国家は、それらが才能を利用しなければ、成功できないという説明である。そして、新しい考え方や技能を扱う能力がないことは、不平等の基礎を受け入れたものとしてみなされるのである。しかし、もちろん、このことは、古くからある多くの不平等をおおいかくすものである。もしもジェンダーの役割が学習社会においてより流動的になったならば、それだけ取り残された女性にとって事態はますます悪くなる。同様なことは、他の排除された集団についてもあてはまる。さらに、「情報富者」（information rich）と「情報貧者」（information poor）という考え方そのものが、過大な単純化なのである。学習社会によって生みだされた不平等がきわめて複雑である点に、難しさの一端がある。外部環境の変化や学習社会に対応した私たち自身のアイデンティティの変化のように、それらはまた流動的でよくみえず予言できないことがしばしばある。その結果、学習社会における不平等は、多様で開かれた境界をもって動く対象なのである。

第5章　新たな教育秩序

生涯学習は、気まぐれなビジネスである。楽しく、有益で、おおいに満足することもある。また、つらく、ひどく疲れ、おおいに不安な思いをさせられることもある。しかし、どう考えるにせよ、生涯学習が全面的に普及する世界に私たちは生きている。私たちはこれからどうしようというのか。ここまで私は、生涯学習とは何か、生涯学習が何を創造しようとしているかということについて、主に批判的な見方を述べてきた。私の出発点は、私たちはすでに学習社会に生きており、そのことに伴うあらゆる困難、機会、リスクもまた共にあるということである。私は本書で、学習社会に向かう推進力は、少なくとも経済発展のインパクトと同じくらい社会変化のエネルギーによって加速されてきたことを論じた。たしかに私はニュー・テクノロジーや科学面での革新が成人の学習の需要と可能性に与える影響力を疑うものではないが、これらのことは、仕事の変質を通じてだけでなく、レジャーや消費、家庭、コミュニティなどの私たちの日々の活動についても感じとれるようになっている。こうした変化の一つの結果として、職業や所得という領域のみならず消費や個人の幸福、健康や市民性といった分野でも、生涯教育そのものが社会的排除と不平等のプロセスにおけるひとつの主要な特質となってしまった。

私たちはこのことについてどうすればよいのか。こんな不信の時代には、私たちは明白な問題を考察しなくてはならない。すなわち、生涯学習にはそれだけの価値があるのか、ということである。たしかに、どのような種類であれ、進歩という観念、とりわけ教育と学習を通じての進歩については、広範囲にわたってその偽りが暴かれたのではなかったか。これは、啓蒙主義哲学者たちが夢見て、ポストモダン論によって捨て去られた壮大な包括的物語のひとつではないのか。これは興味深い議論である。というのも、とくにそれが批判を主張する物語として、知識（ポストモダン論）によって覆された無知（啓蒙主義の実証哲学）と全く同じ物語を示しているからである。ポストモダン論は袋小路である。もちろん、かなり興味深い袋小路になりうる。その存在そのものが、私たちの展開の速い知識経済が部分的に一時的熱狂によって駆り立てられていることの証拠である。構造主義とそれに続いてポスト構造主義が学問の世界のトレンド仕掛人によって唱道され、そして放棄されたように、すでにポストモダン論も知識人の流行の犠牲の象徴になりつつある。もっと真剣にとらえれば、ポストモダン論は人生の複雑で展開の速い領域への可能な洞察を与えてくれる。ただしその洞察の視野も急速に論じ尽くされていくが。それでも結局、とくに有力な思想には取り組むだけの価値があると考える人たちにとって、ポストモダン論は十分に興味深いわけではないのだ。たしかに、私はそのことが問題の一部だと思う。それは私たちの trahison des clercs（知識人の裏切り）——理解しがたい知識の氾濫に対する知識による用心深い消費者の反抗――である。

そして、そこに障害がある。あるいはもっと正確には、障害の一つがある。知識を発達させ操作する才能に基づく度合いを高めつつある複雑な社会では、有益で信頼できる知識を認める能力（そして往々にしてその有益性と信頼性は当座の間だけなのだが）は、かつてなく重要――そしてかつてなく厄介になっているのである。それゆえに、学習社会の抱える問題に対するどんな解決法もはなはだ不適切であろう。本章では、将来の戦略として四つの要素を検討する。本質的に重要であるか、あるいは軽視されつつあるかのどちらかの理由で選ばれたこれら四つだけを扱う。それらとは、

- 学習社会における学校教育の役割の再考
- 成人学習への参加の拡大
- 社会資本への投資による活力ある市民性の確立
- 意味探求の実行

これら四つの要素のそれぞれに影を落としているのが五つめの要素である。すなわち、環境責任に対する要求の増大と私たち自身の願望や目標とのバランスをとる必要性である。

学習社会における学校教育

生涯学習に関するたいていの議論には、学校教育終了後の時期に注目する傾向がある。学校を

めぐる論争や政策はすでに豊富なのだから、私たちは当然成人の生活における学習に集中すべきということになるのだろうか。これは近視眼的な見方であろう。後の人生での学習能力に対する学校教育の効果はずっと以前からよく知られてきた（Cross, 1981; La Valle and Finch, 1999）。また、後の人生での参加に影響を与えるものとして、幼児期の家庭背景が少なくとも学校教育と同じくらい重要な役割を果たす場合があることも次第に明らかになりつつある（Gorard *et al*., 1999a, 43）。したがって、成人の学習行動を説明することができる主要な要因のいくつかは、子どもが学校教育を終える前にすでに存在しているのである。もし学習社会の帰結が見かけと同様に重要であれば、まるで何も変わらなかったかのように学校教育を計画・運営することは、全く無意味であるけれども、たいていの場合それが現実に起こっていることのようだ。実際、学校が伝統的な価値観とすでにうち立てられた確実な事柄の砦となることを望む人が一部にいるのである。

学校教育のプロセスには、若者たちに学び方を教えることを優先することが求められよう。これは初めて言われることではない。トルステン・フセーンは、一九六〇年代末にほぼ同じことを言っていた（Husén, 1974）。また、これは言うほど単純なことでもない。このことは、政策立案を数十年にわたって支配してきた知的な道具類の多くを拒絶することを意味している。とりわけ、私たちは、修了した学校教育の年数でインプットを測ろうとするような人的資本理論の呪縛から脱出しなくてはならない。政策立案者たちは伝統的に学校教育の生涯学習に対する貢献について非常に保守的な見方をしてきた。フルタイムの初期教育に費やす年数を延長すること、そしてその初期教育システムの向上をはかることによって、多くの欧米諸国政府は生涯学習を実際に推進しているのだと主張する。これは、たとえばイギリス政府の生涯学習へのアプローチの基本的な主要素であって、フルタイムの教育・訓練に残る若者の数のかなりの増加に基づいていた。『学習の時代』のなかで、イギリス政府は年齢別教育参加率（APR）をすべての若者の約三分の一から二分の一に増加する計画を発表した（DfEE, 1998a）。国際的には、一六〜一七歳と一八〜二一歳の参加率の指標が今までのところその国の教育制度へのインプットの質を表すのに使われている。

皮肉なことに、生涯学習に対する前倒し型のアプローチは実際には意図されたのと正反対の結果になるかもしれない。多くの若い人たちにとって、継続教育ないしは高等教育でのフルタイムの学習は、積極的な選択というよりもむしろ学校を出て仕事につくまでの間棚上げにされる、ある種の倉庫として機能する。これは、かれらの動機づけにとって明らかで予測できる結果をもたらすし、成功する能力にとってても同様である。こうして一九九九年のイギリスのニューディールの提供者らは、若年失業者の間の「動機づけと態度形成の困難」が克服するのにもっとも難しい問題であることを理解し、三分の二以上がこれをクライアントのドロップアウトの主要因であると見なした（Tavistock Institute, 1999, 17）。若い大学生の間でもことはそう違わない。成人の大学生は、自分よりも若い同級生たちが研究に関して示す関心の低さに頻繁に驚きを隠せぬばかりかショックすら受ける（Merrill, 1999）。スコットランドと北アイルランドにおいては、年齢別教育参加率が一九九〇年代半ばに五〇パーセントに到達したが、若者に対する初期教育の延長は、成人学習に関する興味の増大とは結びつかず、逆に成人学習への参加は、大学でもその他においてもイギリスの他の地域よりもむしろ低い（Schuller and Field, 1999）。それゆえ、初期システムを延長することは、教育や訓練を自分がその責任の多くを引受ける継続的で能動的な学習プロセスとしてよりも他の人々が自分に対してやってくれるものとしてみるという手段的な見方を強化して、低学力の文化を単に繰り返したり深めたりすることになりかねない。

それでは、学習社会ではどんな種類の学校教育が必要とされるのか。ここでは五つの主要な提案を検討したい。まず一番目でもっとも明白なのは、どのようにして学ぶかを学ぶことが優先することである。教えることよりも学ぶことにはっきりと主眼を置かなくてはならない。そしてこれは受ける印象ほど単純なことではない。一九九〇年代末に欧州委員会は次のように論じた。

> 学習者と学びとを教育・訓練の方法やプロセスの中心におくことはもちろん新しい考え方である。しかし実際には、ほとんどのフォーマルな状況では教授法の慣行が定着した枠組みとなって、学びよりもむしろ教えることを優先してきた（中略）。……ハイテクの知識社会においては、このような教えと学びの関係は効力を失う。すなわち学習者は革新的で、より自発的で、自らの知識を不断に更新すること、問題とその状況の組織的配置の変化に積極的に対応することができなくてはならない。教師の役割は、学習者自身が知識にアクセスし知識を利用し最終的には知識を創造していくための努力を助けて、共に歩み、促進し、指導し、支援し相談にのるというものになる（CEC, 1998b, 9）。

このことは、単純な指南に基づいて教えること（「うまくいくこと」）から離れ、より状況依存的で、反応の良い、そして何よりも積極的な学習者支援のアプローチに向かっていくことを意味している（Bentley, 1998）。残念なことに、これはイギリスで一九六〇年代の負の遺産と風刺された進歩主義教育に怪しくも類似しているようだ。しかし、現在の状況では、教師が他の大人たちと同様に知識のレベルが生徒とほとんど同じくらいである領域――ＩＴがもっとも明白な例である――が増えつつあるのである。難題は、若い人たちがその人生を通じて有効な学習者となる自信と技能を身につけることができるようなカリキュラムをどのようにして設計するかということである。

二番目に、教えるということや訓練するという考え方から離れて学ぶという概念に向かってパラダイム・シフトが起こりつつある。このことは暗に「供給主導型」の視点から「学習者中心」のアプローチへの移行をも意味している。主として教授技能や型通りのカリキュラムに中心を置くよりも、学習環境の創造に新たな重要性が付加されなくてはならない。教室や作業場はそうした学習環境のほんの一例である（Ziehe, 1998）。ここ数年、イギリス政府は学校とその他の学習環境との連携強化を推進している。これには学校とその他の教育機関（幼稚園、高等教育、職業訓練機関）との「垂直方向」の結びつきと、生涯にわたるだけでなく、生活の全般に及ぶ教育とでも呼べるような他の重要な場所（家庭、コミュニティ、ボランティア組織と雇用者）との「水平方向」の結びつきの両方が含まれるであろう。

利点は多い。とくに学校教育だけがある種の知識を効果的に育成することができるからである。この特質は、一九七〇年代の生涯教育をめぐる論争の際に確認された（Cropley, 1979, 17–8）。しかも、ほとんどの国では、学校とその他の知識源との関係に相当の変化があった。しかし、進歩は比較的狭い活動領域に沿って起こった。多くの若者が仕事に配置される時期を経験したり、美術館や大学を訪問するが、成人教育センターやボランティア団体との同様な結びつきは比較的稀である。さらに、すでに第4章で述べたように、インフォーマルな学習の偏りが、ネットワークやフォーマルな教育での学力に関してすでによい位置を占めている人たちに向かう傾向がある。

第三に、学校教育のカリキュラムはもはや提示された知識の記憶と反復に限定することはできない。その多くはすでに時代遅れで、初めて学ぶ時までには混乱している。社会学者のアンソニー・ギデンズは、その思考が「第三の道」として知られる中道左派政治の形成に貢献したが、生涯学習に関する短い一節のなかで、「特定の技能の訓練は多くの仕事の変化のために必要かもしれないが、より重要なのは、認知的および情動的能力の発達である」（Giddens, 1998, 125）と述べた。自分自身の学びを管理し知識をさまざまな状況に応用する力のみならず、認知的能力という概念もまた独創性とか好奇心といった目標にかかわっている。しかし、たとえ認知的能力という概念がある程度知られているとしても、情動的能力という概念は比較的新しい。一九九〇年代後半に経営者の一時的流行として受け入れられた情動的知能という概念は、組織面での業績の向上につながるであろう一連の資質として定義された。一部はおそらく本来備わっているものであろうが、その他はある程度まで計画的な介入によって発達させうるものであろう（Dulewicz and Higgs, 1998）。

これらの問題に対して広く検討された解決法が、カリキュラムの一部としての「主要スキル（キー・スキル）」という概念であった。これは広く受け入れられた考えで、同じ言葉がさまざまな言語に現れるという事実がその遍在ぶりを示している――ドイツ語では *Schlüsselqualifikationen*, フランス語では *compétences clefs* 等である。しかし、主要スキルの一般的な望ましさについての意見の一致にもかかわらず、それが何なのかに関しては、実用的最低限度の読み書き・計算能力をある程度親しんでいるニュー・テクノロジーと結合させたという以上にはほとんど合意されていない。少なくとも従来型の言い回しなので、主要スキルという概念そのものに異議を申し立てる者もいる。たとえば二名のイギリスの評論家は、その概念を「教育としては支持できない」として退けている（Hyland and Johnson, 1998, 164）。というのも、これらの技能が何なのかについて共通した理解がないし、いずれにせよ関係するすべての技能は状況に特有のものであることを示すことができるからである。ピエール・ブルデューが初めてつくり出した概念上の枠組を利用して、ビバリー・スケッグスはこの新しい対人関係の能力をその多くが学習者の自己概念の基礎をなす一連の気質と素質として定義する。その結果、スケッグスは、カリキュラムは他の面で懐疑主義と相対主義への傾向によって浸食された正当性の多くを取り戻すと主張している（Skeggs, 1997, 69）。したがって、この方向でカリキュラムを開発することには政策立案者のみならず学習者自身にとっても現実的な問題がある。

そのうえ、能力主導のカリキュラムに向かおうとすれば、資格に対して異なるアプローチが必要となる。その見解が一九九〇年代半ばの欧州委員会の教育および技術開発の両方の政策に影響を与えたEUの上席政策アドバイザー二名は、たいていの教育活動は「未だに工業時代から引き継いだ図式に支えられている。それが、一回きり取得する免状によって公認されるスキルの『標準化』と硬直化を引き起こしている。」と述べた（Riché-Magnier and Metthey, 1995, 420）。イギリスでは、資格制度は主として単独のアカデミックな成果に連動するような方法に決めるのが普通である。トム・ベントリーが論評しているように、こうした制度は、アカデミックでない状況での功績に対しては不十分な指針である（Bentley, 1998, 121）。継続教育に関するフランス法の評論家は、フランスでは外部の労働市場の流動性だけでなく、テクノロジーや組織の変容にはうまく適応できない、職務に特化したスキルに厳密に対応する短期訓練を奨励してきたと主張した（Feutrie and Verdier, 1993, 469）。この見方では、資格認定の枠組が固定していると、柔軟性や独創性、成果さらに理解に重点を置くことが必要なときに、硬直性や標準化の一因となる。

四番目には、逆説的ながら、このことは現在私たちが学校機能の核であると信じているものを捨て去るというのではない。学習社会においては、どの子どもも「基礎・基本」へのアクセスを必要とする。読み書き・計算能力は、継続学習への扉を開くほんとうの「主要スキル」である。市民としてであろうとまた労働者としてであろうと、そもそも出だしにおいて技能が劣っているとその技能を失いはじめるのも早いようである。これはとくに基礎計算能力について当てはまるようだ（Bynner and Parsons, 1998, 8-9）。これもまた紛らわしいことに教育の伝統主義のように聞こえるがそうではない。私の議論は、だれもがヘイスティングスの戦いがいつだったか知っておくべきだとか、ジェイン・オースティンの散文の文体はもちろん、マヤ・アンジェルウの文体をも理解しておくべきだというのではない。それはそれで魅力的かもしれないが。言いたいことは、読み書き・計算の基礎技能を身につけさせることができない学校制度は学習社会の需要に応えるものではないということである。ゴールポストが移動しているのだから、「基礎・基本」が何かを決めることは、今やちょっとした難題である。技能が教室だけでなく生活環境のなかで絶えず高められ実際に繰り返されるには家庭と学校の協力が必要であるから、「基礎・基本」をどのようにして身につけるかを決めることも同じく想像する以上に困難である。

五番目で最後の提案は家族学習にかかわるものである。子どもの家庭背景が成人期における学習参加に強力に影響するという証拠を考慮すると、家庭において支えとなる環境をつくり出すために資源を集中することは理にかなっている。そして、ここで私たちは現代の欧米社会の厳然たる現実にまさにぶつかる。片親世帯という疑わしい「問題」は脇においておこう。こうした世帯が全世帯に占める比率は一九五〇年代と比べて変わらないのである。（Morgan, 1997, 8）。二〇世紀前半の家族と比較すると、現代の世帯集団は――他の多くの関係と同様に――部分的であるが反省的な意思決定の結果に基づいて、はるかに結びつきが緩やかで条件付の取り決めの集合になっている。扶養児童のいる世帯では、睡眠以外の時間の大半、大人が一人家庭にいることは少なくなっている。そして子どもが二人以上の場合——一人っ子世帯はいよいよ一般的になっている——その子どもたちがそれぞれ血がつながっていないことがある。祖父母と曽祖父母は従前よりも長生きし、母親が第一子を出産する年齢は上昇している。多様性と複雑性の増大が家族の特徴となっていて、日常生活の多くの面がそうであるように、各個人の家族生活経験もますます他人のそれと違ってきている。私の机の上には政府が出した一枚のパンフレットがあるが、それは私に子どもたちの読みの手助けをするようにせき立てる（たしかに正しい！）。表紙には家族の光景が載っている。私がそれを家族だというのは子どもと両親の写真があるからだ。しかしこの家族のイメージは、今や道路標識と同じくらい現実の象徴的描写でしかない。家族学習は、複雑で多様な状況で行われるだろう。なかにはとくに非常に込み入った状況もあるだろう。

しかし、他にも難問がある。現在の家族学習に率いられるのは主として母親といる子どもたちであり、しかも通常は母親が子どもを教えるという仮定に基づいている。これらのどちらも大多数の世帯における現実を反映しているかもしれないが、それがすべてというわけではない。まず、父親よりも母親が子どもの養育についての主要な責任を持つことが（いまなお）断然多い、それゆえ母親が家族学習政策の第一の焦点となるのはもっともであろうが、後の人生で学習する能力に父親がほとんどあるいは全く影響を与えないと仮定するのは誤りである。反対に、両親の特性は確かに「個人の学習の軌道の主要な決定要素」であるが、父親の意義と母親の意義との間には大きな差はないし、場合によっては一方が子どもの後の参加のよりよい指標であることもあるし、またもう一方がそうなることもあるが、どちらの事例でもパターンはほぼ同じである（Gorard *et al.*, 1999b, 43）。次に、家族学習は、時には子どもたちがその両親や祖父母よりもよく知っていることがある双方向のプロセスであるし、そう見なされるべきである。年齢は知恵をもたらすかもしれないが、知識を利用する展開の速い世界では、年齢はまた無知のもとでもある。トム・ベントリーは、「継続学習」は「記憶と忘却の両方を含む」と主張する（Bentley, 1998 187）。ＩＴの例は適切な事例である。ここでは子どもが大人と情報を共有する「逆社会化」とでも呼ばれるものが子どもも獲得することが必要になる行動（好奇心や学びへのレディネス）形成の重要な手段となっている。

参加の拡大

学習社会を人間的なものにしていくには、成人学習への参加を拡大することが肝要である。しかしこれは実践面で何を意味するのか。エドワーズは参加に関連する「相互に関係しあう三組の言説」を区別する（Edwards, 1997, 112）。これらの「言説」の第一である制度の変化は、提供者側が同意したものとはタイプの異なる学習者でも利益を得ることができるように構造や慣行を変える必要性に注目している。第二の言説であるシステムの変化は、用意されたものの性質をつくり直すことにかかわっているので、もっとラディカルである。例としては、学習者が学習プログラムに関して一定の選択と統制を実行できるような、単位制を基本とした学習システムにむかう動きがあげられる。最後にエドワーズは文化と権力の言説をとりあげる。これはさらにラディカルだが、末梢的でほとんど影響力がない。こうした見方をしてみると、だれが何に参加するのかについての決定のすべては、根本的に政治的な性質を帯びている。エドワーズはこの第三のアプローチをフーコーの用語を多用して紹介し、権力が社会関係と行動の隅々に行き渡っているととらえる。しかし、どのアプローチを採用しようと、より広汎な参加という言説は、現在満たされているよりも高水準の（やり場のない）需要を前提としているということは注目に値する。概して諸国政府は「より広汎な参加」を「初期教育の延長」と同義語として扱うことを好んできた。とくに、すでに言及したとおり、政府は高等教育システムへのアクセスに注目してきた。欧米の多くの国では、適正な資格をもつ人たちをほぼ自動的に高等教育へと進学させている。このこと自体が継続的な学習を支持する文化をつくり出したのか、あるいは逆にこのことがそこより先にはたいていの人々が学習を追求することにほとんど興味をもたない人為的な学問上の「ゴールド・スタンダード」を設定したのか。高等教育の自動的進学に後者の作用があったことにはそれなりの証拠がある（Schuller and Field, 1999）。成人学習と職業資格に関する集団インタビューで、ある農村開発担当者は次のように語った。

思うに、ここではAレベルと学位の修得は実際に等しいという受け止め方がまだまだあります。それがあれば、特にグラマースクールの教育を受けてAレベルを取れば、そこまで行けば充分なのです（農村開発重点グループ、ダンガノン、一九九七年七月一日)。

しかし、このとらえ方は否定的すぎるかもしれない。一九八〇年代と一九九〇年代の高等教育の拡大の結果、ヨーロッパの政府のなかには学生に対する金銭的援助を減額したところもあった。ひとつの結果——ほとんど予想外だったが——は、フルタイムの教育とパートタイム(時にはフルタイム)の仕事を組み合わせる若者の数が増えたことであった。デンマークとオランダでは、一九九〇年代初めに仕事をもつ学生が就業率を三パーセントから五パーセント上げた(Rubery and Smith, 1999, 18)。全く意図しないことであったが、これらの国の政策は事実上、労働と学習の間の交替システムを創出したのであった。

労働を基礎とした学習とアカデミックな学習とを計画的に統合することはそれほど一般的ではない。それでも、もし成人学習が実際に人口の大多数の手の届くものとなるならば、労働を基礎としたルートに新たな価値が置かれなければならない。今ある労働力の熟練度向上の一方法として仕事に基礎をおく学習の重要性は著しく増大してきている。それは訓練者の信頼を得ている。一九九九年にイギリスの人事開発研究所が八〇〇名の会員に対して行った調査では、オン・ザ・ジョブ・トレーニング(OJT)は他のどの訓練アプローチよりも高い評価を得た。コーチングとメンタリングという同様に労働を基礎としたアプローチもそれに僅差で迫った(Cannel, 1999, 35)。

従来の議論では、フォーマルな教育提供の場は、新しいカリキュラムを教えるのに最善の場所ではないと言われてきた。しかしながら、これは改革派の政治家やその他によってもっとも激しく批判される提供機関の特徴がもつ価値、すなわちそうした機関と日常生活との距離を控えめに評価することになる。アラン・トマスが論じるように、「ある程度の分離は必要である。なぜなら間違えるという自由がなくては学習は成立せず、日常生活の多くの領域では、不幸な結果を伴わない誤りの余地は非常に限られている」(Thomas, 1991, 134) メタ認知の能力や方法を発達させるにはある程度の距離が必要となるのは当然である。とはいえ、一定の条件の下では労働を基準とした学習の範囲内でこの距離をつくり出す可能性がかなり残っている。こうして機械技師養成所はそのメンタリングプログラムを「依存と未熟から完成と独立した専門職意識へと変える可能性を訓練生の個人的な発達に重点を置く、保護された関係のなかでの訓練生に対する思慮深いカウンセリング」を意味するものとして定義する (Institute of Mechanical Engineers, 1998, 4)。

この意欲的な考え方は賞賛に値するが、しかし、二つの大きな問題がある。第一に、実際にはそのような保護された関係を創出するのは不可能とは言わないまでもしばしば困難なことである。メンターと訓練生は階層構造状況で雇用されており、職業資格取得試験における試験官と訓練生の間がそうであるように、役割が重なり合って「保護された関係」の邪魔をする緊張を引き起こす (Field, 1995)。二番目には、原則として「完成と独立した専門職意識」の定義はもちろん偏っていて、主としてこれらの用語が意味する暗黙の仮定に基づいている。これは、後に養成所のメンター(教育係)に対するガイダンスにおいてある程度明白になるが、そこでは訓練生が「世慣れる」手助けをするようにメンターに促している。以下に示されるように、労働そのものが改革されるならば、生涯学習にいたる労働を基礎にしたルートには、潜在的な可能性が広がっている。「学習に至る王道」という考え方を捨てることは、提供の構造から離れて学習という概念に向かう、より広汎なパラダイム・シフトの不可欠な部分であると思われる。しかし、これは次に——学校教育の場合ですでに言及した通り——より正確に成果を認定し知らせる方法の開発を必要とする。教育が行われる制度的な状況とプログラムの存在を認めることよりもむしろ行われた学習で得られたものを反映する資格が必要である。けれども、資格は本来的に不確実な通貨のようなものである。どのような資格認定システムも本質的には記号言語であって、それ自身のルールによって運営され、認定された一連の関所によって規制される。資格システムの機能は、その所有者がもっているとみなされる一定の資質の代用もしくは目印の役割を果たすことである。資格認定それ自身は、これらの資質になんら直接に寄与することはない(たとえば自信をつける等、間接的には寄与するかもしれないが)。

実際には、資格はたんに特定の能力を示すものとしてよりも、雇い主や大学などの他の機関によって「ふるい分け」装置として一般的に利用される。イギリスの全国職業資格体制のような最近の改革は、職業資格認定を資格保持者の能力のより正確で透明な記録にしようとした。原則として過去の経験的な学習を認定することと、一つの職種ないし部門から別の職種ないし部門への関連の移転を考慮に入れている。しかし、イギリスの職業資格改革の場合、変革には少なくとも短期であったが新しいシステムの展望を損なった予期せぬ結果が伴った。このように特定のスキル（あるいはイギリスの全国（またはスコットランド）職業資格（ＮＶＱ）体制の用語で言えば「能力要素」）が果たす実績を観察することで能力を試そうとする願望は、節操のない訓練提供者による明らかに広範囲に及ぶ乱用を防ぐこともせず、職場の監督者にとっては、余計な仕事をふやす書面での記録と照合のシステムをもたらした（Field, 1995; Field, 1996）。さらに、どのような変革にも、完璧に機能していたり、少なくとも関係者すべてに満足を与えているような、現行の取決めを混乱させるという危険性がつきまとう。したがって、全国職業資格体制の発足後少なくとも五、六年は、たびたび行われた調査結果によれば、イギリスの雇い主のほとんどの新しい資格に関する意識は非常に低いことがわかった――そして実際に多くの雇い主はそうした資格について聞いたこともなかったのである（Times Educational Supplement, 1992. 12. 11）。

資格制度をさらに改革しても、市場においてはさらなる頼りなさ、不確実さがもたらされる危険性がある。しかし、これに取って代わる案は、ベントレーやメッセイ、リッシェ－マニエその他にはっきりと非難された硬直化した柔軟性のないシステムである。難問は、高度にモジュール化され、学習されたことを正確に把握し、インフォーマルな学習とフォーマルな形態をとる期待との間の比較を考慮に入れた成人向けの資格システムを開発することである。イギリスでは、一九八〇年代と一九九〇年代のオープン・カレッジ・ネットワーク（ＯＣＮｓ）の仕事が、高度にモジュール化され、透明で、過去のさまざまな学習の認定を考慮に入れ、多種多様な評価の文脈とスタイルを許容する資格へのアプローチの例を与えてくれる。このアプローチは伝統的に排除されてきたグループにとって、たいへんアクセスしやすいようであるが（Davies, 1999）、それでもいくつかの問題がある。まず、資格制度に対する信頼が低下しつつある労働市場では、ＯＣＮｓの認定を受けた資格の受けとめ方が不確実である。また、ＯＣＮｓは学習者中心主義の言説をしきりに採用するが、資格市場において他の資格授与団体と競争状態にある（Davies, 1999, 18）。とはいえ、この何かしら不透明な市場を管理運営するように企てられた規制団体によるいかなる介入も、一方ではスタンダードに関する国内（および国際的な）体制に合致する資格の必要性と、もう一方では展開の速い労働市場や、より開かれた流動性のある社会システムが要求する柔軟性との間の緊張にさらされることになる。

加えて、若者たちのニーズと大人のニーズの間にも重大な緊張がありうる。成人の人生と青年の間の境界は必然的にあいまいであるが、一般的に若い人たちは成人としての安定したアイデンティティを形成する機会を必要とする。たとえば、柔軟性のある資格とモジュール式・プログラムは、ある成人集団には非常にアクセスしやすいかもしれない。しかし、若者にとっては、そうした資格やプログラムによって、認識できる社会的、職業的なアイデンティティを確立することがいっそう難しくなるかもしれない（Colardyn and Durand, 1998, 246）。そのような緊張を解決することはどのような学習社会であれ存続していくためには必要な構成要素であるのだが。

社会資本への投資

私たちの学習社会は、たんに現存する不平等を再生産するだけでなく、新たな排除の形態をつくり出す方向にも向かう強力な傾向をもつという欠陥をかかえている。それはまた、定着した社会的関係を浸食し、広く支持される意味共有のパターンに疑問を呈するのを助けている。すべてが変動するとすれば、すべてのものとすべての人が不断の変化にさらされるとすれば、およそ社会秩序はどうやって維持できるだろう。学習社会はたしかにそれ自身を引き裂くような内部の矛盾をかかえているのか。永遠の不安定性という原理と、リスクと不確実性の問題に対する個別の解決の追求に基づき、学習社会は共通の幸福という永続的な考えとどのようにしてうまく折り合いをつけられるのか。

ある著名なドイツ人成人教育研究者が、まさにこの問題に取り組み、学習社会を考慮した政治の再考を呼びかけた。このペーター・アルハイトにとって学習社会とは、

諸機関や企業、都市地域や団体、労働組合や協同組合において、さらに開発され新たに形成されなくてはならない市民のためのプログラムを表す……この意味での学習社会の本格的な正当化は、西ヨーロッパや北アメリカの先進社会、そしてまた中央および東ヨーロッパの過渡期の社会ではシステムの統合と社会の統合の崩壊から始まっている（Alheit, 1999, 80）。

おそらくこれは少々予言的である。システムや社会の統合が崩壊しているのではなく、むしろそれらの基礎が問い直され、ゆっくりと変化しているのである。学習社会では、市民はより高度に個別化されているだけでなく、かつてなく反省的でもある。しかし、経済的な繁栄や成長という見解だけでなく、積極的に参加する市民という考え方に学習社会はイデオロギー上の基礎を打ち立てようとすべきであると主張するアルハイトは間違いなく正しい。

どうすればこういうことが起きるだろうか。欧米社会の成人教育は、積極的な市民性にその源をもつ。このことは、イギリス成人教育の歴史的な偉業の一つである、政府によって戦後政策に関する提言を答申するよう委任された、いわゆる『一九一九年報告書』できわめて雄弁に述べられた。

> 成人教育運動はコミュニティの組織的な生活の全体にしっかりと織りこまれている。それは、自己表現や個人的能力や興味を伸ばしたいという個人のなかにある願いに源をもつ一方で、国の民主主義運動の社会的熱意に根ざしている。言い換えれば、それは個人的発達と社会奉仕という対になった原則によって支えられている。……おそらくその大多数の場合、成人教育のダイナミックな性格はその社会的な動機によるものである（戦後復興省、一九一九年、セクション三三〇）。

たとえこれが一九一九年という例外的な状況——ボルシェヴィキ革命の二年後、警察ストライキの一年後、そして軍においては不穏と反抗の時期――ゆえの事情だったとしても、一九二〇年代末にはどうなるかわからない提案であった。労働者教育協会（ＷＥＡ）の左翼評論家が好んで指摘したように、たいていの成人教育は、社会運動色が薄くむしろ社交的な機会だった（Lewis, 1993）。それでも、熱心な少数派に限られていたとはいえ、成人教育と積極的な市民活動の関係は本物でしかも長く続いた。これを現代に蘇らせることができるだろうか。

多くの成人教育はインフォーマルな形で行われる。好きな人や友人、隣人や仕事仲間との交流を通じて行われる。ボランティアのネットワークや各種の組織の会員を通じて行われ、そこではゴルフからキルト製作、子育てまで、個人と集団が関心のあることを追求する（Elsdon *et al.*, 1995）。社会資本の主な源泉である職場などの公共的な領域で契約を通じて行われる。このインフォーマルな学習の地位を向上させ、その利用から今は排除されている人たちにまで手を差し伸べ、必ず共通の幸福に向かうようにするにはどうすればよいのか。さらに、複雑な知識社会の要求を満たすためにどのようにして広げていけるのか。いわゆる最先端分野からこの挑戦の例を二つあげるならば、ナノテクノロジーとバイオテクノロジーで今にも起ころうとしている発展は、仕事が変わってしまうかもしれない労働者に対してのみならず、先進科学に根ざした決定の結果、生活形態が変えられてしまう市民として、また個人として、私たちすべてに対しても途方もない難題をつきつける。では、相互に補強し合うどのような関係が成人学習と社会運動の間に存在するだろうか。

新しい社会運動の多くは、かなりの割合のメンバーたちが自分たちの「直接行動主義」を小切手帳に限定しているようだ（Maloney, 1999）。「地球の友」（FoE）とグリーンピース・インターナショナルは、ポスト食糧飢饉の社会における政治的直接行動のよい例である。集会に出席して世論に働きかけること——グリーンピースのキャンペーンディレクターの否定的なことばでは、「お茶やビスケットや主張、いちおうは『科学』に基づいた議論」ということになるが——よりも個人支援者が会費を払い、それがグリーンピースの職員が代表して直接行動に出る資金源となる（Rose, 1996, 51）。マローニーは、政策に影響を与える役目をプロに任せる、政治活動の委託プロセスとしてこれを記述した（Maloney, 1999, 114）。しかしかれはまた、草の根組織——グリーンピースや地球の友に関係する地方のネットワークや活動も含む——の昔ながらの顔をつき合わせる活動には小切手を切る市民がたくさん活躍していると指摘する。さらに、これらの組織に加わることで「似たような志を持った人々」の「想像上のコミュニティ」も生まれる（Maloney, 1999, 116）。マローニーは調査データを利用して、「地球の友」とアムネスティ・インターナショナルの登録会員が、会員であることの情報機能を高く評価し、これをより目立ちやすいロビー活動やキャンペーン活動と同じくらい高く評価していることを示している。どちらの組織も、入会のもっとも重要な理由のひとつが、「自分に情報を与えてくれるから」であり、もっとも有効な機能の一つが「情報を通じてイギリス世論を変えようとすること」だった（Maloney, 1999, 110–11）。そこでは、集会とか組織的な勉強会などの伝統的な方法よりも現代的なコミュニケーション手法を使用しているにもかかわらず、会員たちにとってこれらの運動は、自分自身のためにも、一般大衆のためにも、反対派としてだけでなく教育的な役割をも積極的に果たしている。

とはいえ、その関係の厳密な本質ははっきりしないが、成人学習と積極的な市民性との間の関連には豊富な証拠がある。アクセスコース（正規課程への入学の資格要件を取得するための課程――訳者）の学生を対象としたある調査では、その三分の二が任意団体で積極的に活動していたが、これは比較的低いフォーマルな資格しかもたない成人のわりには比較的高い数字であって、このことから「積極的に社会参加することが個人の能力や自尊心の自覚を高める。このことが学校での成績が振るわなかった多くの人々にとって後遺症となっている教育に対する嫌悪感の残滓を克服する手助けとなるかもしれない」（Benn, 1996, 173）。しかし、コミュニティへの積極的参加はほとんど資格をもたない成人の間では異例のことである。低賃金の労働、低レベルの資格そして基礎的スキルの弱さは、生涯学習への積極的な受け入れを推進する資源をほとんど提供できない、地域に局限された濃密な形態の社会資本（たとえば家族の構成員や隣人など）としばしば結びつく。

しかし市民の参加から生まれるインフォーマルな学習を賛美するだけでは十分ではない。まず第一に、ネットワークや運動というものは包摂すると同時に排除もするので、うまくいかないだろう。社会資本の投入に公共の利益があるかぎり、不注意にも学閥タイプのネットワークを再生して利己主義的な形のインフォーマル学習を生み出すようなことはない。第二に、社会資本はすべて公共の福利のために利用することができる資源の実例だが、特定のネットワークは資源を不平等に利用する。第四章で触れたように、構造的な不平等を克服するためには、コミュニティ開発戦略としては、もっとも恵まれない人々がその民族、地域、同族関係のネットワークの外側から資源を利用できるような「橋渡し関係」の創造に取り組む必要がある。第三に、社会資本はもともと徹底的にジェンダーによる区別がなされていて、男女それぞれ異なる種類のネットワークを利用し、市民の参加という点で異なる役割を演じる傾向がある(Campbell *et al.*, 1999, 105–9, 156–7)。このことは、ジェンダーによる不平等が軽率にも強化されたりしないようにさまざまなアプローチを追求する必要があることをほぼ確実に意味している。

もし新たな教育秩序の一面が現場に根ざしているとすれば、これはじかに接しているネットワークがグローバリゼーションの力に対して対抗力を差し出しているからである。しかし社会関係は、時間や空間の距離を越えて定着することができるし、定着するものである。ニュー・テクノロジーは、あったとしてもかつてはめったに通過できなかった空間と時間という障壁を越えて、興味のコミュニティ(たとえばスポーツファンと家系史家)と実践のコミュニティ(専門家の集団を含む)を結びつけるというまったく壮大な役割を果たし始めている。さらに、企業の責任とコーポレート・シティズンシップを推進しようと試みたのは、正確にはもっともグローバルな企業である。この一部は単にPR策であるが、コーポレート・シティズンシップは、地域のイニシアティブのための開かれた資源(そのうちのいくつかは、アパルトヘイト後の南アフリカに対する「グランド・メット」のオープン・ラーニングセンターの後援のように生涯学習や社会資本とおおいに関係がある）や、企業行動について何らかの実際の変化を促しさえした（GrandMet, 1998）。

ビジネス界のリーダーは、主として財務上の最終利益で自分たちの行動を正当化するが、一九八〇年代と一九九〇年代にはより広いコミュニティで同輩の多くと価値観の多くを共有する最高位の経営者たちが出現した（Phillips, 1987, 137–9）。なかにはヴァージン・グループのリチャード・ブランソンのようにヒッピー運動に関係していた人もいた。またヴィラゴ・プレスを創立したグループのように一九六〇年代のフェミニストたちもいた。またボディ・ショップのアニタ・ロディックのような環境運動家もいた。なにしろ何らかの特定の実際的な活動にかかわっている企業の数は比較的少数であり、これらの企業でさえそう関心を示さないのであるから、「コーポレート・シティズンシップ」という公約を宣言するビジネスリーダーを冷笑するのは簡単である。あるイギリスの見積もりでは、一九九五年にはボランティア部門との関係に何らかの組織的な方針をもっていたのはたったの三〇社か四〇社だった（Commission on the Future of Voluntary Sector, 1996, 61）。

しかし、コーポレート・シティズンシップ運動は、多少は真剣にとらえられた倫理的価値観に加えて、利己的関心や相互利益を含むいくつかの強烈な力に基づいている。最近のコーポレート・シティズンシップ運動を概観して、クリス・マースデンとヨルグ・アンドリオフは、鍵となる要因は、『風評市場』に対する企業の関心であって、これが多国籍企業にとって、とくに重要であるし、さらに企業は、風評被害が潜在的な顧客や取引先など外部的にだけでなく、社員の士気、採用、売上高という点で内部的にも深刻な結果を企業にもたらすことを指摘している(Marsden and Andriof, 1998)。

しかし私たちはもっと先に行ける。個人と国家の間にはさまざまな組織とかかわり合いが存在する——家族、コミュニティ、会社、自発的任意団体、政府機構、そしてとりわけ教育提供者——その内部で日々の経験が形成され実行されるのである。このような中間組織が民主化されないかぎり、学習社会はさらに大きな不平等と排除を生み続け、さらに一層不安定になるだろう。ペーター・アルハイトが注目するように、このように言うことは、大きなイデオロギー主導の過激な転換プロジェクトに身を任せるということではない。しかし、包摂へと向かう民主化なしには、学習社会はより大きな自主性や達成感、そして少なくともわずかな安心という学習社会そのものの約束を果たすことはできないであろう。

意味探求の実行

しかし安定したアイデンティティは実現可能な目標なのか。もちろん私たちの環境のすべてが不穏なわけではないし、私たちを取り巻くすべてが変化しているのでもない。同様に、長い間固定して一定だと受け入れられてきた日々の生活の古い座標軸の多くが、緩くなったり移ろいやすくなった。リチャード・セネットに言わせれば、新しい資本主義は社会資本と個人の人格を同時に侵食したのである。かれはこう述べる。「現代の制度の短い時間枠がインフォーマルな信頼感の成熟を限定する」のだが、そうしたインフォーマルな信頼とは主に長期のつながりに依存する(Sennett, 1999, 24-5)。柔軟性と不安定性が「人格と経験の間の衝突を創ってしまった。ばらばらになった時間の経験が、人々が自分の人格を持続する物語に形成する能力を脅かす」(Sennett, 1999, 31)。他の多くの人のように、セネットは仕事の世界に集中することを選択した。そして政治的に左翼の多くの人のように、かれは現在の私たちの状況の責任は資本主義――大いなる幻想――にあると考える。しかしながら、資本主義が成功するには自発的なアクターが必要である。そして今日の高価値のグローバル資本主義は、熱狂的な消費者をとくに必要とする。仕事という点では、私の議論が正しいとすれば、セネットはおそらく変化の範囲を誇張している。消費という点では、大いなる幻想ではなく生きている男性と女性が将来を決定する変化を前へ押し進めているのだから、かれはおそらく変化の範囲を過小評価している。しかし、私たちは欧米社会の核となる価値が部分的には学習社会の結果として変わりつつあることには賛成できる。

ギデンズが「ライフ・ポリティクス」と呼ぶものを取り上げると、ライフ・ポリティクスは自己実現をめぐる選択の、そして闘争のポリティクスであって、どれほど野放しであろうともいかなる特定の集団や組織からも全く独立して表現することができる。かれが言及するように、このことは伝統の普遍性と階層性の支配状況の両方からの(一定のレベルの)解放を仮定する(Giddens, 1991, 214)。多少アナキスト的な視点からセオドア・ロスザックはギデンズの論点をきちんと例証した。「私たちは発見すべき個人のアイデンティティ、達成すべき個人の運命をもつという個々の経験が重要な均衡の破壊的な政治力になってしまった時代に生きている」(Roszak, 1981, 23)。自己実現のようなポスト物質主義の目標を志向する個人の価値が、強力な倫理上の枠組を形成し、そのなかで自分自身の学びを理解し、方向づける。ここでの問題は、教育や発達が倫理に基づいているかどうかではなく、過激な内省と個人主義を社会の融合と継続にどうやって一番うまく結びつけるかである。

学習社会が各種の相当な要求を人々に強いていること、そして教育面での介入がすでにこれに対応していることは明白である。ある最近のキャリア・カウンセリングの定義は、たとえばこのようになっている。

> 自己と職業に対する意識の促進、可能性の探求、キャリア・プランニング技能を学ぶことから、ストレス低減や怒りの処理、優柔不断の問題、仕事への適応問題までの介入プロセスの連続のすべてにおいてキャリアと個人カウンセリングの融合が必要である(Herr, 1997, 81)。

しかしこれは前兆の話である。この根底にはペーター・アルハイトが「バイオグラフィシティ」の能力と呼ぶ、彼の定義では「現代の知識の蓄積を意味の伝記的資源と結びつけ、その知識で新たに参画する」能力を開発するという難題がある(Alheit, 1992, 206–7)。しかし、私たちはそうすることの困難さを過小評価すべきでない。とりわけ情動能力と伝記的な（自己）知識とをカリキュラムに統合していくことは、法的な権限を与えるだけでなく逆に奪いもするからである。ビバリー・スケッグスは、ケア・コースを始めた女性の研究を行い、「フィーリングと天性の気質を強調することによって、女性が抵抗の立場をとることが難しくなる。というのも危うくなるのは自己の感覚でありフィーリングであるからである」（Skeggs, 1997, 69）。たしかにこの点において失敗を是認する生涯学習の可能性は最も強力になるし、もっとも無力にもなる。

それでも、価値に対するコミットメントは生涯学習に人間味を加えるためには不可欠である。新しい道徳的関心はある程度、個人の学習者、そのうちでポスト物質主義の価値観をしきりに信奉するもっとも声高な人――すでに見てきたとおり――の関心によって活気づけられている（Inglehart, 1990）。多くはまた、フェミニズムや環境主義、人権主義、グローバルな連帯運動など新しい社会運動思想の一部であるか、または影響を受けている。これらの社会運動はポスト物質主義的な価値観に根ざし、「学習運動」として本質的に機能していると論ずるものもいる。

クラウス・オッフィにとって、一九六〇年代と一九七〇年代の新しい社会運動の出現は、「予測可能でしばしば悲惨な結果に対する「無知」や疎さの程度を低減することによって、政治システムの学習能力を高める」（Offe, 1985, 295）のを助けようという、主流の政治のなかで経験されていた『学習妨害』への断固とした反応を意味した。一例としては環境保護運動が「ビッグ・サイエンス（大規模な組織と資金を要する科学的研究・調査）」のテクノクラートの専横に対して遺伝子工学や原子力の反対運動などで挑戦したが、その方法があげられよう。オッフィには、これが外部のチャレンジャーからの圧力下に置かれた場合に資本と国家の総合力が学ぶことができるだけの領域を示すのであろう。過去を振りかえるという利点で考えると、オッフィの視点は超楽観主義（新しい社会運動は一九九〇年代初めに勢いを失った）かつヘーゲル哲学の痕跡がありすぎる（社会運動はまた、過激な右翼や原理主義運動がやろうとしたように、また一部の環境保護運動があらゆる科学に対する一律の敵意と自分たちの価値観の具体化や自発的行為のうちに行ったように、意図的な無知を育成することができる）。

しかしある意味では、オッフィは正しい。新しい社会運動は学習運動に向かう。原理主義の運動でさえ、いくぶん選択的な形とはいえ、大部分は真正性に関心がある。新しい社会運動は、特徴としてそれ自身の独自のアイデンティティについてとくに強力で発達した意識をもち、どのような種類であれ外からのレッテル貼りとみなすものに抵抗する。一九六〇年代の学生運動から生まれてきたので、新しい社会運動のいくつかは独特の知識批判もまた導き出した――実際、共通の特性の一つとして、専門知識と個人の価値観を実践的に統合したものになる傾向がある(Hornstein, 1984, 152–3)。もちろん、社会運動は常にそれを正しく理解しているわけではない。他のすべての人に関する新しい運動にとって、知識はしばしば暫定的で断片的ないしは部分的である――これは、ブレント・スパー油井掘削作業台の処理をめぐるグリーンピースの反対運動の期間中のように華々しい。

自主性や真実性といった個人の価値観と急速に展開する専門知識マップを統合しようとする試みにはたくさんの例がある。もちろん、ポストモダン論者にとっては、専門知識の威信はもともと疑わしいのであるから、これらの多様な要素を統合するには問題はない。もしポストモダン論者の議論が支配すれば、私たちはすべて多くの言説を通じて関連づけられた終わりのない差異とともに残される。それぞれの言説は主観性につなぎとめられ、他と同じく説得力がない。本章の初めに私が提唱したように、ポストモダン論は知識という思想に対抗して知ることによって導かれ、消費者の反抗とほとんど変わらない。学習社会という状況には、明らかな情報と専門知識の過剰があり、このような知性の自由奔放主義は不可避であろう。また私の意見では有害でもあって、すべての知識は相対的であるからアクセスや統制の不平等は問題ではないとの念を抱かせる。ケン・サロ-ウィウァがナイジェリアで石油会社によって引き起こされた環境の悪化を警告したのは正しかったか。あるいはかれは自分の執行人たちの言説より良くも悪くもない話をただ追求していたのか（同じくHobsbawm, 1997, 351–66参照）。シアトルの世界貿易機構（ＷＴＯ）の外部での、第三世界の債務水準や環境の悪化など、グローバリゼーションの否定的な面に取り組むＷＴＯの失敗に関する怒りが動機となった大規模街頭デモで二〇世紀が終わったのは、適切かつ勇気づけられることだったと私には思える。また、シアトルのデモ参加者が一連の妥当な答えをはっきりさせなかったのにはまったくがっかりさせられた。かれらは少なくとも正しい質問をいくつか提出していたのであるが、多くは身体的暴力と盲目的な怒りにあまりにも簡単に身を任せたのだ。

継続的な革新と永続的な学習の追及はまた、いま存在する学習社会においては、より高い成長率の明らかに果てしない追求、すでに脆くなっている環境に対するさらに危険な攻撃、それも知識を多くもつ人と知識の少ない人との間の今まで以上に大きな分裂を犠牲にしてである。そのうえ代わりになる運動は、その批判は環境科学の発見と人権に対するコミットメントに根ざすもの、もしそれらが代わりに差し出すものが神秘主義と直接行動であるならば、信用に値しないであろう。今まで以上に貪欲なグローバル資本主義は、人間が生き残る前提条件として合理的で人間的で博識な批評を必要とする。学習社会は従順に変化しているか。リッカルド・ペトレラが言うように選択肢は、「地球規模で組織された創造力と知識の最大の浪費の一つに結びつく未来」である（Petrella, 1997,32）。ペトレラはまた、市場経済の支配はまだ完全ではないと指摘する。つまり匿名の多国籍企業とグローバルな消費者――そしてそれらに加えて――「抵抗する孤立集団」があり、現在の政策と戦略が依拠しているような基本的な仮定のいくつかを再検討することを私たちに求める。私が望むのは、そうした再検討こそ、経済的に効率がよく、社会的には平等、生態的には持続可能で政治的には民主主義のグローバル開発戦略のために生涯訓練と生涯教育を用立てるであろうということである。

訳者あとがき

この本を翻訳するきっかけとなったのは訳者の一人、矢野が二〇〇二年春、イギリス・ロンドンでの在外研修の折に原著に出会い、さらに著者と出会ったことである。スターリング大学の副学長を務めるジョン・フィールド教授のこの著書は、イギリスにおける成人教育の歴史とヨーロッパでの生涯学習の展開をふまえてイギリスの学習社会の現状や教育・訓練システムの課題について論じたものであるが、日本におけるこれからの生涯学習のあり方を考えるうえでも有益な示唆に富んでいる。研究者、学生のみならず、生涯学習に関心をもつ人々に広く読んでいただきたいと願っている。

スコットランドの古城で知られる町、スターリングの大学キャンパスに著者を訪ねて、出城のような棟にある広い研究室で、著者と生涯学習について、そして大学教育のあり方について意見交換したことは、たいへん刺激に満ちた機会であった。そして、それが翻訳計画の始まりでもあった。以来、丸二年を経て、ようやく出版にこぎつけられてほっとした心持ちである。翻訳にあたっては、生涯学習研究の赤尾勝己氏に加わっていただけることになり、また私の久しい友人で比較福祉国家論が専門の埋橋孝文氏とともに、大学院で比較教育学を専攻した翻訳家の伊藤知子氏にも加わっていただき、生涯学習をテーマとするこの文献の理想の翻訳チームが実現した。翻訳をすすめるなかでは、赤尾、埋橋、矢野の三名が数度にわたり、訳語、訳文の相互検討を行った。こうしたチームとしての協働に支えられて、ようやく翻訳を完成することができた。

また、訳文の校正に加えて、索引づくりや参考文献一覧の作成といった煩雑な作業では、大阪市立大学大学院修了生の陳曦、学部卒業生の井原優子、岡愛子、澤田彩、隅田耕史、廣澤富美子の各氏にお世話になった。本書の読みやすさが増したとすれば、それはかれらの協力によるところが大きい。

最後に、翻訳と出版の全体にかかわり、学文社の三原多津夫氏に忍耐強くお世話いただいた。記して感謝申し上げる。

二〇〇四年四月

桜花爛漫の市立大学キャンパスにて

訳者代表　矢野 裕俊

States: 1998-99, US Department for Education, Washington.

Wighton, D. and Burt, T. (1999) Brussels to probe £152m package of aid for Rover, *Financial Times,* 10 December, 1.

Wilcox, D. (1998) The European Dimension, *CivicNet Chautauqua,* http://www.civicnet.org/civicnet.

Williams, S. and Raggatt, P. (1998) Contexualising Public Policy in Vocational Education and Training: the origins of competence-based vocational qualifications policy in the UK, *Journal of Education and Work,* 11, 3, 275-92.

Wilson, J. (1999) Larry's Legacy, *Continental,* October, 50-52.

Wilson, R. (1998) UK Labour Market Prospects, pp 1-30 in R.M. Lindley and R.A. Wilson (eds.), *Review of the Economy and Employment 1997/98,* Institute for Employment Research, Coventry.

Wilterdink, N. (1993) The European Ideal: an examination of European and national identity, *Archives européennes de sociologie,* 34, 119-36.

Wright, T. G. R. (1996) *Bradford Mechanics' Institute in the Nineteenth Century,* M. Phil. Thesis, University of Leeds.

World Bank (1995) *Global Economic Prospects and the Developing Countries*, World Bank, Washington.

Yeaxlee, B. (1921) *An Educated Nation,* Oxford University Press, London.

Young, M. (1998) *The Curriculum of the Future: from the 'new sociology of education' to a critical theory of learning,* Falmer, London.

（太田直子監訳『過去のカリキュラム・未来のカリキュラム：学習の批判理論に向けて』東京都立大学出版会，2002年）

Ziehe, T. (1998) Die Modernisierung der Lernkultur, pp. 124-32 in A. Walther and B. Stauber (eds.), *Lifelong Learning in Europe: options for the integration of living, learning,* Neuling Verlag, Tübingen.

van den Toren, J.P. (1999) Employability: how to organise the individualisation of the labour market, Paper presented to Fourth International Labour Market Conference, Robert Gordon University, Aberdeen, October 1999.

van der Kamp (1997) The Netherlands: impacts of a new policy environment, in P. Bélanger and S. Valdavielso (eds.), *The Emergence of Learning Societies: who participates in adult learning?* Pergamon, Oxford.

Vaughan, L. (1999) When the drugs won't work, *Financial Times,* 17 June.

Vester, M. (1997) Soziale Milieus und Individualisierung. Mentalitäten und Konfliktlinien im historischen Wandel, pp. 99-123 in U. Back and P. Sopp (eds.) *Individualisierung und Integration: Neue Konfliktlinien und neuer Integrations-modus,* Leske and Budrich, Opladen.

Vision Consultancy Group (1999) *Opportunities in Streaming Media,* http://www.visionconsult.com

Walsh, J. (1996) Multinational management strategy and human resource decision making in the single European market, *Journal of Management Studies,* 35, 5, 633-48.

Ward, M. E. (1999) Club members relax over a couple of pints and an investment portfolio, *Irish Times, Business supplement* 2, 3, 27 August.

Waterman, R.H., Waterman, J.A. and Collard, B.A. (1996) Toward a career-resilient workforce, pp. 207-220, in P. Raggatt, R. Edwards and N. Small (eds.), *The Learning Society: challenges and trends,* Routledge, London.

Weiss, L. (1997) Globalization and the Myth of the Powerless State, *New Left Review,* 225, 3-27.

Werner, H. (1994) Economic change, the labour market and migration in the single European market, in D. Marsden (ed.), *European Integration and the European Labour Market,* Supplement 1/94 to *Social Europe.*

West, L. (1996) *Beyond Fragments: adults, motivation and higher education: a biographical analysis,* Taylor and Francis, London.

West, L. (1998) Intimate Cultures of Lifelong Learning: on gender and managing change, pp. 555-83 in P. Alheit and E. Kammler (eds.), *Lifelong Learning and its Impact on Social and Regional Development,* Donat Verlag, Bremen.

West Belfast Economic Forum (1994) Response to Consultative Document, *Making Belfast Work: Strategy Proposals,* Belfast, WBEF.

West Midlands Regional TECs (1999) *West Midlands Region: household survey 1998,* West Midlands Regional Training and Enterprise Councils, Birmingham.

Westat, K. K., and Creighton, S. (2000) *Participation in Adult Education in the United*

of Arts, 142, 50-53.

Tight, M. (1995) Education, work and adult life: a literature review, *Research Papers in Education,* 10, 3, 383-400.

Tight, M. (1998a) Bridging the 'learning divide': the nature and politics of participation, *Studies in the Education of Adults,* 30, 2, 110-19.

Tight, M. (1998b) Education, Education, Education! The vision of lifelong learning in the kennedy, Dearing and Fryer reports, *Oxford Review of Education,* 24, 4, 473-85.

Toffler, A. (1970) *Future Shock,* Random House, New York.
（徳山二郎訳『未来の衝撃』中央公論社，1982年）

Tomlinson, A. (1986) Playing away from home: leisure, disadvantage and issues of income and access, pp. 53-54 in P. Golding (ed.), E*xcluding the Poor,* Child Poverty Action Group, London.

Trivellato, P. (1996) Japan as a Learning Society: an overall view by a European sociologist, pp. 185-206 in F. Coffield (ed.), *A National Strategy for Lifelong Learning,* Economic and Social Research Council/University of Newcastle, Newcastle.

Tuckett, A. and Sargant, N. (1999) *Marking Time: the NIACE survey on adult participation in learning 1999,* National Institute of Adult Continuing Education, Leicester.

Tuomisto, J. (1998) Demands and Possibilities for Lifelong Learning in a Market-oriented Society: a Finnish perspective on public policy and reality, pp 155-67 in J. Holford, P. Jarvis and C. Griffin (eds.), *International Perspectives on Lifelong Learning,* Kogan Page, London.

UKCC (1992) *The Scope of Professional Practice,* United Kingdom Central Council, London.

Unwin, L. amd Wellington, J. (1995) Reconstructing the Work-based Route: lessons from the Modern Apprenticeship, *Journal of Vocational Education and Training,* 47, 6, 337-52.

Unwin, L. (1996) Employer-led Realities: apprenticeship past and present, *Journal of Vocational Education and Training,* 48, 1, 57-69.

Unwin, L. (1999) 'Flower Arranging's Off but Floristry is On': lifelong learning and adult education in further education colleges, pp. 69 – 85 in A. Green and N. Lucas (eds.), *FE and Lifelong Learning: Realigning the sector for the twenty-first century,* Institute of Education, London.

Usher, R. and Bryant, I. (1989) *Adult Education as Theory, Practice and Research: the captive triangle,* Routledge, London.

（田口佐紀子訳『ニュー・パッセージ新たなる航路：人生は45歳からが面白い』徳間書店，1997年）

Skeggs, B. (1997) *Formations of Class and Gender: Becoming respectable,* Sage, London.

Skills and Enterprise Network (1996) Managing Careers in the 21st Century, *Skills and Enterprise Briefing,* 4, August, 3-5.

Smidt, L.T. (1999) Use of Information Technology in Adult Education, 44-53, in Arne Carlsen (ed.), *Grundtvig and Europe,* Grunbak, Copenhagen.

Smith, J. and Spurling, A. (1999) *Lifelong Learning: riding the tiger,* Cassell, London.

Social Exclusion Unit (2000) *Report of Policy Action Team 16: Learning Lessons*, Cabinet Office, London.

Stauber, B. and Walther, A. (1998) Lebenslanges Lernen – ein offenes Konzept zwischen normativen Überschuss und der Verdeckung sozialer Ungleichheit, in A. Walther and B. Stauber (eds.), *Lifelong Learning in Europe: options for the integration of living, learning,* Neuling Verlag, Tübingen.

Streumer, J. N., van der Klink, M. and van de Brink, K. (1999) The future of HRD, *International Journal of Lifelong Education,* 18, 4, 259-74.

Sweeney, K., Morgan, B. and Donnelly, D. (1998) *Adult Literacy in Northern Ireland,* Statistics and Research Agency, Belfast.

Tavistock Institute (1999) *A Review of Thirty New Deal Partnerships,* Research and Development Report ESR 32, Employment Service, Sheffield.

Taylor, P. (1999) Computer chatterboxes talk to their machines, *Financial Times,* 10 December 1999, 6.

Thomas, A. M. (1991) *Beyond Education: A new perspective on society's management of learning*, Jossey-Bass, San Francisco.

Thomas, J. E., Takamichi, V. and Suichi, S. (1997) New Lifelong Learning Law in Japan: promise or threat?, *International Journal of Lifelong Education,* 16, 2, 132-40.

Thomas, N. and Paterson, I. (1998) *Web Site Assessment: research report,* National Museum of Science and Industry, London. http://www.nmsi.ac.uk/eval/rep.htm

Thomas, R. and Dunkerley, D. (1999) Careering Downwards? Middle managers' experiences in the downsized organisation, *British Journal of Management,* 10, 2, 157-69.

Thompson, P. (1989) *The Nature of Work: an introduction to debates on the labour process,* Macmillan, London.

Thurow, L. (1994) New game, new rules, new strategies, *Journal of the Royal Society*

Rubery, J. and Smith, M. (1999) *The Future European Labour Supply,* Office for Official Publications of the European Communities, Luxembourg.

Salisbury, J. and Murcott, A. (1992) Pleasing the Students: teachers' orientation to classroom life in adult education, *Sociological Review,* 40, 3, 561-75.

Sandvik, H. (1999) Health Information and Interaction on the Internet: a survey of female urinary incontinence, *British Medical Journal,* 319, July 1999, 29-32.

Sarangi, S. (1996) Vocationally Speaking: (further) educational construction of 'workplace identities', *Language and Education,* 10, 2/3, 201-18.

Sargant, N., Field, J., Francis, H., Schuller, T. and Tuckett, A. (1997) *The Learning Divide: a study of participation in adult learning in the United Kingdom,* National Institute of Adult Continuing Education, Leicester.

Scarbrough, H. (1999) System error, *People Management,* 8 April, 68-74.

Schrank, R.C. (1994) Changing the Way People Learn, *Applied Learning Technologies in Europe,* 07, 4-7.

Schuller, T. and Field, J. (1999) Is there divergence between initial and continuing education in Scotland and Northern Ireland? *Scottish Journal of Adult Continuing Education,* 5, 2, 61-76.

Schwartz, B. (1992) Re-Assessing Braverman: socialisation and dispossession in the history of technology, pp. 189-205 in L. Levidow and B. Young (eds.), *Science, Technology and the Labour Process: Marxist studies,* vol. 2, Free Association Books, London.

Scott, P. (1995) *The Meanings of Mass Higher Education,* Open University Press, Buckingham.

Searle-Chatterjee, M. (1999) Occupation, biography and new social movements, *Sociological Review,* 47, 2, 258-79.

Select Committee on Education and Employment (1999) *Eighth Report: Access for All? A survey of post-16 participation,* House of Commons, London. http://www.publications.parliament.uk/pa/cm199899/cmselect/cmeduemp/57

Sennett, R. (1999) *The Corrosion of Character: the personal consequences of work in the new capitalism,* W.W. Norton, New York.

（斎藤秀正訳『それでも新資本主義についていくか：アメリカ型経営と個人の衝突』ダイヤモンド社，1999年）

Sheehy, G. (1976) *Passages: predictable crises of adult life,* Dutton, New York.

（深沢道子訳『パッセージ：人生の危機』プレジデント社，1978年）

Sheehy, G. (1996) *New Passages,* Harper Collins, London.

Reich, R. (1993) *The Work of Nations: preparing ourselves for twentyfirst-century capitalism,* Simon and Schuster, London.
（中谷巌訳『ザ・ワーク・オブ・ネーションズ：21世紀資本主義のイメージ』ダイヤモンド社，1991年）

Reich, R. (1997) *Locked in the Cabinet,* Random House, New York.

Revans, R. (1982) *The Origin and Growth of Action Learning,* Chartwell Bratt, Bromley.

Reynolds, D. (1995) Why are the Asians so good at Learning? *Demos Quarterly,* 6, 35-6.

Reynolds, J. (1998) Retailing, pp. 37-43 in R.M. Lindley and R.A. Wilson (eds.), *Review of the Economy and Employment 1997/98,* Institute for Employment Research, Coventry.

Rhodes, R.A.W. (1996) The New Governance: governing without government, *Political Studies,* 44, 4, 652-67.

Riché-Magnier, M. and Metthey, J. (1995) Société de l'information: 'new deal' liberal ou nouveau modèle de société? *Revue du marché commun et de l'Union Européenne,* 390, 417-22.

Ritzer, G. (1998) *The McDonaldization Thesis,* Sage, London.
（正岡寛司監訳『マクドナルド化の世界：そのテーマは何か？』早稲田大学出版部，2001年）

Ritzer, G. (2000) *The McDonaldization of Society,* Pine Forge Press, Thousand Oaks.
（正岡寛司監訳『マクドナルド化する社会』早稲田大学出版部，1999年）

Rosanvallon, P. (1995) *La nouvelle question sociale: repenser l'État-providence,* Editions du Seuil, Paris.

Rose, C. (1996) The future of environmental campaigning, *Journal of the Royal Society of Arts,* 144, 5467, 49-55.

Roszak, T. (1981) *Person/Planet,* Granada, London.

Rothery, B. (1995) *ISO 14000 and ISO 9000,* Gower, Aldershot.

Rover Group (1998) *Success through People,* Rover Group plc, Birmingham.

Rubenson, K. (1992) Human Resource Development: a historical perspective, pp. 3-30 in L.E. Burton (ed.), *Developing Resourceful Humans: adult education within the economic context,* Routledge, London.

Rubenson, K. (1999) Adult education and training: the poor cousin. An analysis of OECD reviews of national policies for education, *Scottish Journal of Adult and Continuing Education,* 5, 2, 5-32.

Development, Paris.

OECD (1997b) *What Works in Innovation in Education: combatting exclusion through adult learning,* Organisation for Economic Co-operation and Development, Paris.

OECD (1999) *Overcoming Exclusion through Adult Learning,* Organisation for Economic Co-operation and Development, Paris.

Offe, C. (1985) *Contradictions of the Welfare State,* Verso, London.

Oxtoby, B. (1999) Rover Learning Business – something out of nothing, ESRC Seminar on Researching Lifelong Learning, Department of Management Learning, University of Lancaster, 10 December.

Pahl, R. and Spencer, L. (1997) The politics of friendship, *Renewal,* 5, 3/4, 100-107.

Petrella, R. (1997) The Snares of the Market Economy for Future Training Policy: beyond the heralding there is a need for denunciation, *Adult Education and Development,* 48, 19-33.

Phillips, A. (1987) *Divided Loyalities: dilemmas of sex and class,* Virago, London.

Poell, R., Tijmensen, L. and Van der Krogt, F. (1997) Can Learning Projects Help to Develop a Learning Organisation? *Lifelong Learning in Europe,* 2, 2, 67-75.

Prusack, L. (1998) Introduction to Series – Why Knowledge, Why Now? pp. ix-x, in D. Neef (ed.), *The Knowledge Economy,* Butterworth-Heinemann, Boston.

Purcell, K. (1998) Flexibility in the Labour Market, pp. 69 – 89 in R.M. Lindley and R.A. Wilson (eds.), *Review of the Economy and Employment* 1997/8, Institute for Employment Research, Coventry.

Purcell, K. and Hogarth, T. (1999) *Graduate Opportunities, Social Class and Age,* Council for Industry and Higher Education, London.

Putnam, R. D. (1993) *Making Democracy Work: civic traditions in modern Italy,* （河田潤一訳『哲学する民主主義：伝統と改革の市民的構造』NTT出版，2001年） Princeton University Press, Princeton.

Putnam, R. D. (1995), Bowling Alone: America's declining social capital, *Journal of Democracy*, 6, 1, 65-78.

Raggatt, P. and Williams, S. (1999) *Governments, Markets and Vocational Qualifications: an anatomy of policy,* Falmer, London.

Ramsay, H. (1996) Managing Sceptically: a critique of organisational fashion, pp. 155-72 in S.R. Clegg and G. Palmer (eds.), *The Politics of Management Knowledge,* Sage, London.

Rees, G. and Thomas, M. (1994) Inward Investment, Labour Market Adjustment and Skills Development: recent experiences in South Wales, *Local Economy,* 9, 1, 48-61.

Murray, C. (1990) *The Emerging British Underclass,* Institute for Economic Affairs, London.

Nadler, L. (1984) *The Handbook of Human Resource Development,* Wiley, New York

Naidoo, V. and Schutte, C. (1999) Virtual Institutions on the African Continent, 89 – 124 in G. M. Farrell (ed) *The Development of Virtual Education: a global perspective,* Commonwealth of Learning, Vancouver.

NACETT (1998) *Fast Forward for Skills,* National Advisory Council for Education and Training Targets, London.

Nickson, D., Warhurst, C., Witz, A. and Cullen, A.M. (1998) Aesthetic Labour in the Service Economy: an overlooked development, Paper presented to Third International Labour Market Conference, Robert Gordon University, Aberdeen, June 1998.

Nolan, P. (1999) Director's Report, pp. 4-5, *Annual Report 1998-1999,* Workers' Educational Association, Belfast.

Nonaka, I. and Takeuchi, H. (1995) *The Knowledge-creating Company: how Japanese companies create the dynamics of innovation,* Oxford University Press, Oxford.

（野中郁次郎・竹内弘高著，梅本勝博訳『知識創造企業』東洋経済新報社，1996年）

Northern Ireland Audit Office (1995) *Community Economic Regeneration Scheme and Community Regeneration and Improvement Special Scheme,* Northern Ireland Office, Belfast.

Northern Ireland Audit Office (1996) *Department of the Environment: control of Belfast Action Teams expenditure,* Northern Ireland Office, Belfast.

Nuissl, E. (1988) Dreizehn Jahre Bildungsurlaub, *Volkshochschulen im Westen,* 40, 5, 246-8.

OECD (1973) *Recurrent Education: a strategy for lifelong learning,* Organisation for Economic Co-operation and Development, Paris.

OECD (1991) *Reviews of National Policies for Education: Ireland,* Organisation for Economic Co-operation and Development, Paris.

OECD (1994) *OECD Jobs Study,* Organisation for Economic Co-operation and Development, Paris.

（島田晴雄監訳『先進諸国の雇用・失業：OECD研究報告』日本労働研究機構，1994年）

OECD (1996) *Lifelong Learning for All: Meeting of the Education Committee at Ministerial Level, 16/17 January 1996,* Organisation for Economic Co-operation and Development, Paris.

OECD (1997a) *Literacy Skills for the Knowledge Society: further results of the international adult literacy survey,* Organisation for Economic Co-operation and

Whiteley (eds.), *Social Capital and European Democracy,* Routledge, London.

Marginson, S. (1995) The Decline in the Standing of Educational Credentials in Australia, *Australian Journal of Education,* 39, 1, 67-76.

Marsden, C. and Andriof, J. (1998) Understanding Corporate Citizenship and How to Influence It, *Journal of Citizenship Studies,* 2, 2, 329-52.

Marsden, D. (1994) The integration of European labour markets, in D. Marsden (ed.), *European Integration and the European Labour Market,* Supplement 1/94 to *Social Europe.*

Martin, L. (1999) The Right Stuff – human capital formation in small and medium-sized enterprises, Ph. D. Thesis, University of Warwick.

Maskell, P., Skelinen, H., Hannibalsson, I., Malmberg, A. and Vatne, E. (1998) *Competitiveness, Localised Learning and Regional Development: specialisation and prosperity in small open economies,* Routledge, London.

Matthews, J.J. and Candy, P.C. (1999) New dimensions in the dynamics of learning and knowledge, 47-64 in D. Boud and J. Garrick (eds.), *Understanding Learning at Work,* Routledge, London.

Merrill, B. (1999) *Gender, Change and Identity: mature women students in universities*, Ashgate, Aldershot

Merrill, B. and Collins, T. (1999) European Universities: how accessible are they for adults? Paper presented to Annual Conference of the Universities Association for Continuing Education, University of Cambridge, April 1999.

Mhaolrunaigh, S. and Clifford, C. (1997) The Preparation of Teachers for Shared Learning Environments, *Nurse Education Today,* 17, 1-4.

Miller, R. (1997) Economic Flexibility and Social Cohesion, *OECD Observer,* 207, 24-27.

Miller, R. and Stewart, J. (1999) Opened University, *People Management,* 17 June, 42-6.

Ministry of Culture, Education and Science (1998) *'Life-long Learning': the National Action Programme of the Netherlands,* Ministry of Culture, Education and Science, Zoetermeer.

Ministry of Reconstruction (1919) *Final Report of the Committee on Adult Education,* His Majesty's Stationery Office, London.

Morgan, D. H. (1997) Socialization and the family: change and diversity, pp. 4-29, B. Cosin and M. Hales (eds.), *Families, Education and Social Differences,* Routledge, London.

Müller, J. (1997) Literacy and Non-formal (Basic) Education – still a donor priority? *Adult Education and Development,* 48, 37-60.

Lave, J. and Wenger, E. (1991) *Situated Learning,* Cambridge University Press, Cambridge.
（佐伯胖『状況に埋め込まれた学習：正統的周辺参加』産業図書，1995年）

Law, M. (1998) Market-oriented Policies and the Learning Society: the case of New Zealand, pp. 168-79 in J. Holford, P. Jarvis and C. Griffin (eds.), *International Perspectives on Lifelong Learning,* Kogan Page, London.

Lewis, R. (1993) *Leaders and Teachers: adult education and the challenge of labour in South Wales, 1906-1940,* University of Wales Press, Cardiff.

Lichterman, P. (1992) Self-help reading as a thin culture, *Media, Culture & Society*, 14, 3, 421-47.

Livingstone, D. W. (1999) Lifelong Learning and Underemployment in the Knowledge Society: a North American perspective, *Comparative Education,* 35, 2, 163-86.

Livingstone, S.M. and Lunt, P. (1991) Expert and Lay Participation in Television Debates: an analysis of audience discussion programmes, *European Journal of Communication,* 6, 1, 9-35.

Longworth, N. (1999) *Making Lifelong Learning Work: learning cities for a learning century,* Kogan Page, London.

Lundvall, B.-Ă. and Johnson, B. (1994) The Learning Economy, *Journal of Industry Studies,* 1, 2, 23-42.

MacEarlean, N. (1999) See our shrink – or you're fired, *Observer* (*Business Supplement*), 20 June.

McGivney, V. and Sims, D. (1986) *Adult Education and the Challenge of Unemployment,* Open University Press, Milton Keynes.

McGivney, V. (1991) *Education's for Other People,* National Institute for Adult and Continuing Education, Leicester.

McGovern, P., Hope-Hailey, V. and Stiles, P. (1998) The Managerial Career after Downsizing: case studies from the 'leading edge', *Work, Employment and Society,* 12, 2, 457-77.

McGrath, M. (1991) *Multi-Disciplinary Teamwork: community mental handicap teams,* Avebury, Aldershot.

McLeod, D.M. and Perse, E. (1994) Direct and Indirect Effects of Socioeconomic Status on Public Affairs Knowledge, *Journalism Quarterly*, 71, 2, 433-42.

Maloney, W. (1999) Contracting out the Participation Function: social capital and cheque-book participation, 108-19, in J.W. van Deth, M. Maraffi, K. Newton and P. F.

pp. 81-91 in J. Holford, P. Jarvis and C. Griffin (eds.), *International Perspectives on Lifelong Learning,* Kogan Page, London.

Jarvis, P. (1992) *Paradoxes of Learning: on becoming an individual in society,* Jossey-Bass, San Francisco.

Jarvis, P. (2000) The Corporate University, in J. Field and M. Leicester (eds) Lifelong *Learning: education across the lifespan,* Falmer, London.

Jarvis, P., Holford, J. and Griffin, C. (1998) *The Theory and Practice of Learning,* Kogan Page, London.

Johnston, R. (1999) Adult Learning for Citizenship: towards a reconstruction of the social purpose tradition, *International Journal of Lifelong Education,* 18, 3, 175-90.

Jones, A.M. and Hendry, C. (1994) The Learning Organisation: adult learning and organizational transformation, *British Journal of Management,* 5, 2, 153-62.

Kade, J. and Seitter, W. (1998), Bildung – Risiko – Genuß. Dimensionen und Ambivalenzen legenslangen Lernen in der Moderne, pp. 51-59 in R. Brödel (ed.), *Lebenslanges Lernen – lebensbegleitende Bildung,* Luchterhand, Neuwied.

Keep, E. and Mayhew, H. (1999) Towards the Knowledge-driven Economy, *Renewal,* 7, 4, 50-9.

Kennedy, H. (1997) *Learning Works: widening participation in further education*, Further Education Funding Council, Coventry.

Kluge, N., Hippchen, G. and Fischinger, E. (1999) *Körper und Schönheit als soziale Leitbilder: Ergebnisse einer Repräsentativerhebung in West- und Ostdeutschland,* Peter Lang Verlag, Frankfurt-am-Main.

Knoll, J. (1998) 'Lebenslanges Lernen' und internationale Bildungspolitik – Zur Genese eines Begriffs und dessen nationale Operationalisierungen, pp. 35-50 in R. Brödel (ed.), *Lebenslanges Lernen – lebensbegleitende Bildung,* Luchterhand, Neuwied.

Knowles, M. (1983) Andragogy: an emerging technology for adult learning, pp. 53-69 in M. Tight (ed.), *Adult Learning and Education,* Croom Helm, Beckenham.

Kramlinger, T. (1992) Training's Role in a Learning Organization, *Training,* July, 46-51.

La Valle, I. and Finch, S. (1999) *Pathways in Adult Learning: summary,* Department for Education and Employment, Sheffield.

Lasch, C. (1980) *The Culture of Narcissism,* Abacus, London.
（石川弘義訳『ナルシシズムの時代』ナツメ社，1981年）

Latrive, F. (1997) CD-Rom avec frontières, *Libération,* 4 April, I-II.

Herr, E. L. (1997) Career Counselling: a process in process, *British Journal of Guidance and Counselling*, 25, 1, 81-93.

Hills, J. (1998) *Income and Wealth: the latest evidence,* Joseph Rowntree Charitable Trust, York.

Hobsbawm, E. (1997) *On History,* Abacus, London.
（原剛訳『ホブズボーム歴史論』ミネルヴァ書房，2001年）

Hoffritz, J. (1997) Immer auf den Punkt, *Wirtschaftswoche,* 16 January, 64-5.

Hornstein, W. (1984) Neue soziale Bewegung und Pädagogik, *Zeitschrift für Pädagogik,* 30, 2, 147-67.

Hülsberg, W. (1988) *The German Greens: a social and political profile,* Verso, London.

Husén, T. (1974). T*he Learning Society,* Methuen, London.

Hyland, T. and Johnson, S. (1998) Of Cabbages and Key Skills: exploding the myth of core transferable skills in post-school education, *Journal of Further and Higher Education,* 22, 2, 163-72.

Hyman, R. (1991) Plus ça change? The theory of production and the production of theory, pp. 259-83 in A. Pollert (ed.), *Farewell to Flexibility?,* Blackwell, Oxford.

Industrial Relations Services (1999) The Young Ones: the annual IRS survey, *Employee Development Bulletin,* 114, June, 5-16.

Information Society Forum (1996) *Networks for People and their Communities: first annual report to the European Commission from the Information Society Forum,* CORDIS, Luxembourg.

Inglehart, R. (1990) *Culture Shift in Advanced Industrial Societies,* Princeton University Press, Princeton.

Institute of Mechanical Engineers (1998) *A Guide to Mentoring: the mentored professional development scheme,* Institute of Mechanical Engineers, Bury St. Edmunds.

Jansen, T. and Klaassen, C. (1994) Some Reflections on Individualisation, Identity and Socialisation in (Post)Modernity, pp. 61-80 in P. Jarvis and F. Pöggeler (eds.), *Developments in the Education of Adults in Europe,* Peter Lang, Frankfurt-am-Main.

Jansen, T. and Veen, R. van der (1992) Reflexive modernity, self-reflective biographies: adult education in the light of the risk society, *International Journal of Lifelong Education,* 11, 4, 275-86.

Jansen, T., Finger, M. and Wildemeersch, D. (1998) Lifelong Learning for Social Responsibility: exploring the significance of aesthetic reflexivity for adult education,

Griffiths, J. (1999) UK's biggest car plant now 400 acres of pure paradox, *Financial Times,* 20 December, 6.

Group of Eight (1999) *Köln Charter: aims and ambitions for lifelong learning, 18 June 1999,* Group of Eight, Cologne.

Gustavsson, B. (1995) Lifelong Learning Reconsidered, pp. 89-110 in M. Klasson, J. Manninen, S. Tøsse and B. Wahlgren (eds.), *Social Change and Adult Education Research,* Linköping University, Linköping.

Habermas, J. (1985) *Die neue Unübersichtlichkeit,* Suhrkamp Verlag, Frankfurt-am-Main.

（上村隆広・城達也・吉田純訳『新たなる不透明性』松籟社，1995年）

Hague, D. (1991) *Beyond Universities: A new republic of the intellect,* Institute of Economic Affairs, London.

Hake, B. J. (1998) Lifelong Learning and the European Union: a critique from a 'risk society' perspective, pp. 32-43 in J. Holford, P. Jarvis and C. Griffin (eds.), *International Perspectives on Lifelong Learning,* Kogan Page, London.

Hall, P. (1999) Social Capital in Britain, *British Journal of Political Science,* 29, 3, 417-61.

Halman, L. (1996) Individualism in Individualised Society? Results from the European Values Surveys, *International Journal of Comparative Sociology,* 37, 3/4, 195-214.

Harley, B. (1999) The Myth of Empowerment: work organisation, hierarchy and employee autonomy in contemporary Australian workplaces, *Work, Employment and Society,* 13, 1, 41-66.

Hasluck, C. (2000) *Early Lessons from the Evaluation of New Deal Programmes*, Employment Service, Sheffield.

HEBS (1997) *Strategic plan for 1997 to 2002,* Health Education Board for Scotland, Edinburgh.

Hedoux, J. (1982) Des publics et des non-publics de la formation d'adultes: l'accès à l'Action Collective de Formation de Sallaumines-Noyelles-sous-Lens, *Revue française de la sociologie,* 23, 253-74.

Heinz, W. (1999) Lifelong learning: learning for life? Some cross-national observations, pp.13-20, in F. Coffield (ed.) *Why's the Beer Always Stronger up North? Studies of lifelong learning in Europe,* Policy Press, Bristol.

Henderson, J. (1999) Fit for the job. *Scotsman* (recruitment supplement), 16 April, 1.

Henry, I.P. (1999) Social Inclusion and the Leisure Society, *New Political Economy,* 4, 2, 283-88.

Giddens, A. (1990) *Consequences of Modernity*, Polity, Cambridge.
（松尾精文・小幡正敏訳『近代とはいかなる時代か？：モダニティの帰結』而立書房，1993年）

Giddens, A. (1991) *Modernity and Self-Identity: self and society in the late modern age,* Polity, Cambridge.

Giddens, A. (1992) *The Transformation of Intimacy,* Polity, Cambridge.
（松尾精文・松川昭子訳『親密性の変容：近代社会におけるセクシュアリティ，愛情，エロティシズム』而立書房，1995年）

Giddens, A. (1994) *Beyond Left and Right: the future of radical politics,* Polity, Cambridge.
（松尾精文・立松隆介訳『左派右派を超えて：ラディカルな政治の未来像』而立書房，2002年）

Giddens, A. (1998) *The Third Way: The renewal of social democracy*, Polity, Cambridge.
（佐和隆光訳『第三の道：効率と公正の新たな同盟』日本経済新聞社，1999年）

Giere, U. and Piet, M. (1997) *Adult Learning in a World at Risk: emerging policies and strategies,* UNESCO Institute for Education, Hamburg

Gilleard, C. (1996) Consumption and Identity in Later Life: toward a cultural gerontology, *Aging and Society*, 16, 3, 489-98.

Gorard, S., Rees, G. and Fevre, R. (1999a) Two dimensions of time: the changing social context of lifelong learning, *Studies in the Education of Adults,* 31, 1, 35-48.

Gorard, S., Rees, G. and Fevre, R. (1999b) Patterns of Participation in Lifelong Learning: do families make a difference? *British Educational Research Journal,* 25, 4, 517-32.

Gordon, J. (1999) Approaches to transparency of vocational qualifications in the EU, *European Journal of Education,* 34, 2, 203-17.

Gorz, A. (1994) *Capitalism, Socialism, Ecology,* Verso, London.
（杉村裕史訳『資本主義・社会主義・エコロジー』新評論，1993年）

Goudevert, D. (1993) Welche Zukunft hat die Arbeit?, *Die Welt,* 22 April, 12.

Grand Metropolitan (1997) *Report on Corporate Citizenship,* Grand Metropolitan, London.

Granovetter, M. (1973) The strength of weak ties, *American Journal of Sociology,* 78, 1360-80.

Greenhalgh, C. and Mavrotas, G. (1996) Job Training, New Technology and Labour Turnover, *British Journal of Industrial Relations,* 34, 1, 131-50.

and ethos in the public sector, pp. 121-42 in H. S. Olesen (ed.), *Adult Education and the Labour Market IV*, European Society for Research in the Education of Adults, Roskilde.

Florida, R. (1995) Toward the Learning Region, *Futures,* 27, 5, 527-36.

Forster, N. and Whipp, R. (1995) Future of European human resource management: a contingent approach, *European Management Journal*, 13, 4, 434-42.

Foucault, M. (1989) *The Birth of the Clinic: an archaeology of medical perception*, Routledge, London.
（神谷美恵子訳『臨床医学の誕生』みすず書房，1969年）

Friedenthal-Haase, M. (1998) Orientierung und Reorientierung: Kategorien und Aufgaben lebensbegleitender Bildung, pp. 60-72 in R. Brödel (ed.), *Lebenslanges Lernen – lebensbegleitende Bildung*, Luchterhand, Neuwied.

Front Row (1999) *Front Row,* BBC Radio 4, 6 September.

Fryer, R.H. (1998) *Learning for the Twenty-first Century: First Report of the National Advisory Group for Continuing Education and Lifelong Learning*, Department for Education and Employment, Sheffield.

Fryer, R.H. (1999) *Creating Learning Cultures: next steps in achieving the Learning Age*, Second Report of the National Advisory Group for Continuing Education and Lifelong Learning, Department for Education and Employment, Sheffield.

Füller, C. (1998) Daimler-Uni startet im August, *Die Tageszeitung,* 8 December 1998, 13.

Furedi, F. (1997) *Culture of Fear: risk-taking and the morality of low expectation*, Cassell, London.

Further Education Funding Council(1999) *Bilston Community College Inspection Report*, FEFC, Coventry.

Gallie, D. and White, M. (1993) *Employee Commitment and the Skills Revolution*, Policy Studies Institute, London.

Gallie, D. (1996) Skill, Gender and the Quality of Employment, pp. 133-59 in R. Crompton, D. Gallie and K. Purcell (eds.), *Changing Forms of Employment: organisations, skills and gender*, Routledge, London.

Gardiner, K. (1997) *Bridges from benefit to work: a review*, Joseph Rowntree Foundation, York.

Garvin, D.A. (1993) Building a Learning Organisation, *Harvard Business Review,* 51, 78-90.

Geddes, M. (1997) *Partnership Against Poverty and Exclusion? Local regeneration strategies and excluded communities in the UK,* Policy Press, Bristol.

in A. Pollert (ed.), *Farewell to Flexibility?*, Blackwell, Oxford.

Fairclough, N. (1999) Global Capitalism and Critical Awareness of Language, *Language Awareness*, 8, 2, 71-83.

Faure, E. (1972) *Learning to Be: the world of education today and tomorrow,* UNESCO, Paris.

（国立教育研究所内フォール報告書検討委員会（代表：平塚益徳）訳『未来の学習』第一法規出版，1977年）

Feutrie, M. and Verdier, É. (1993) Entreprises et formations qualifiantes: une construction sociale inachevée, *Sociologie du travail*, 35, 4, 469-91.

Field, J. (1979) British Historians and the Concept of the Labor Aristocracy, *Radical History Review*, 19, 61-85.

Field, J. (1988) What Workers, What Leave? Changing patterns of employment and the prospects for paid educational leave, pp. 63-75 in F. Molyneux, G. Low and G. Fowler (eds.), *Learning for Life: politics and progress in recurrent education*, Croom Helm, Beckenham.

Field, J. (1991) Out of the Adult Hut: institutionalisation, individuality and new values in the education of adults, pp. 128-41 in P. Raggatt and L. Unwin (eds.), *Change and Intervention: vocational education and training*, Falmer, London.

Field, J. (1995) Reality-Testing in the Workplace: are NVQs employer-led? pp. 28-43 in P. Hodkinson and M. Issitt (eds.) *The Challenge of Competence: professionalism through vocational education and training*, Cassell, London.

Field, J. (1996) Vocational Education and Training, in R. Fieldhouse (ed.), *A History of Modern British Adult Education*, National Institute for Adult Continuing Education, Leicester.

Field, J. (1998) *European Dimensions: education, training and the European Union*, Jessica Kingsley, London.

Field, J., Lovell, T. and Weller, P. (1991) *Research Quality in Continuing Education: a study of citation patterns*, Research Papers in Continuing Education, University of Warwick.

Field, J. and Schuller, T. (1999) Researching the Learning Society, *Studies in the Education of Adults*, 31, 1, 1-10.

Field, J. and Spence, L. (2000) Social Capital and Informal Learning, pp. 32-42, in F. Coffield (ed.), *The Necessity of Informal Learning,* Policy Press, Bristol.

Fieldhouse, R. (1997) *Adult Education History: why rake up the past?* Sixteenth Albert Mansbridge Memorial Lecture, University of Leeds.

Filander, K. (1998) Is There any Space for Agency? A study of changing agent identity

Bundesministerium für Bildung, Wissenschaft und Forschung, Bonn. (English version of the original, *Das lebenslange Lernen. Leitlinien einer modernen Bildungpolitik*, which appeared simultaneously).

Dohmen, G. (1998) *Zur Zukunft der Weiterbildung in Europa: Lebenslanges Lernen für Alle in veränderten Lernumwelten*, Bundesministerium für Bildung, Wissenschaft und Forschung, Bonn.

Dore, R. (1997) Reflections on the Diploma Disease Twenty Years Later, *Assessment in Education*, 4, 1, 189-206.

Dulewicz, V. and Higgs, M. (1998) Soul researching, *People Management*, 1 October, 42-45.

Dumazadier, J. (1995) Aides à l'autoformation: un fait social d'aujourd'hui, *Education Permanente,* 122, 243-56.

Eden, D. and Kinnar, J. (1991) Modeling Galatea: boosting self-efficacy to increase volunteering, *Journal of Applied Psychology*, 6, 6, 770-80.

Edwards, R. (1995) Behind the Banner: whither the learning society? *Adults Learning*, 6, 6,187-9.

Edwards, R. (1997) *Changing Places: flexibility, lifelong learning and a learning society*, Routledge, London.

Elger, T. (1991) Task Flexibility and the Intensification of Labour in UK Manufacturing in the 1980s, pp. 46-66 in A. Pollert (ed.), *Farewell to Flexibility?,* Blackwell, Oxford.

Elsdon, K. T., Reynolds, J. and Stewart, S. (1995) *Voluntary Organisations – citizenship, learning and change*, National Institute for Adult Continuing Education, Leicester.

Emler, N. and McNamara, S. (1996) The Social Contact Patterns of Young People: effects of participation in the social institutions of family, education and work, in H. Helve and J. Bynner (eds.), *Youth and Life Management: research perspectives*, Yliopistpaino, Helsinki.

Eraut, M. (2000) Non-formal learning, implicit learning and tacit knowledge in professional work, pp 12-31 in F. Coffield (ed.) *The Necessity of Informal Learning*, Policy Press, Bristol.

Evans, T. and Nation, D. (1996) Educational Futures: globalisation, educational technology and lfielong learning, pp. 162-76 in T. Evans and D. Nation (eds.) *Opening Education: policies and practices from open and distance education*, Routledge, London.

Fairbrother, P. (1991) In a State of Change: flexibility in the civil service, pp. 69-83

1999, 25-7.

Daneshku, S. (1998) Fitness firms speed ahead but some may have to peak, *Financial Times*, 27 August.

Dasgupta, P. amd Serageldin, I., editors (1999) *Social Capital: a multifaceted perspective*, World Bank, Washington.

Dave, R. H. (1977) *Lifelong Learning and School Curriculum*, Unesco Institute for Education, Hamburg

Davies, P. (1999) A New Learning Culture? Possibilities and contradictions in accreditation, *Studies in the Education of Adults*, 31, 1, 10-20.

Delors, J. (1996) *The Treasure Within: Report to UNESCO of the International Commission on Education for the Twenty-first Century*, UNESCO, Paris.

Dempsey, A. (1999) Talk it out, *Irish Times*, 25 August, 10.

Dennison, S.R. (1984) *Choice in Education*, Institute of Economic Affairs, London.

Department of Education and Science (1973) *Adult Education: a plan for development*, Her Majesty's Stationery Office, London.

Department of Education and Science (1998) *Adult Education in an Era of Lifelong Learning*, Stationery Office, Dublin.

DfEE (1995) *Lifetime Learning: a consultation document*, Department for Education and Employment/Scottish Office/Welsh Office, Sheffield.

DfEE (1997) *Learning and Working Together for the Future: a consultation document*, Department for Education and Employment, Sheffield.

DfEE (1998a) *The Learning Age: a renaissance for a new Britain*, Department for Education and Employment, Sheffield.

DfEE (1998b) *60,000 start their New Deal*, Department for Education and Employment Press Release 328/98, website www.nds.coi.gov.uk/coi/coipress.ns.

DfEE (1999a) *Delivering Skills for All: second report of the National Skills Task Force,* Department for Education and Employment, Sheffield.

DfEE (1999b) *Learning to Succeed: a new framework for post-16 learning,* Department for Education and Employment, Sheffield.

DfEE (1999c) *Labour Market & Skill Trends 1998/1999*, Department for Education and Employment, Sheffield.

DfEE (2000) *Tackling the Adult Skills Gap: upskilling adults and the role of workplace training: third report of the National Skills Task Force*, Department for Education and Employment, Sheffield.

Dohmen, G. (1996) *Lifelong Learning: guidelines for a modern education policy,*

1-12 in F. Coffield (ed.) *Why's the Beer Always Stronger up North? Studies of lifelong learning in Europe*, Policy Press, Bristol.

Colardyn, D. and Durand, M. (1998), Recognising Skills and Qualifications, pp. 241-7 in D. Neef (ed.) *The Knowledge Economy*, Butterworth Heinemann, Boston.

Collin, A. and Watts, A.G. (1996) The death and transfiguration of career – and of career guidance? *British Journal of Guidance and Counselling*, 12, 3, 385-98.

Collins, M. (1998) Critical Perspectives and New Beginnings: reforming the discourse on lifelong learning, pp. 44-55 in J. Holford, P. Jarvis and C. Griffin (eds.), *International Perspectives on Lifelong Learning*, Kogan Page, London.

Commission of the European Communities (1994) *Competitiveness, Employment, Growth,* Office for Official Publications, Luxembourg.

Commission of the European Communities (1995) *Teaching and Learning: towards the learning society*, Office for Official Publications, Luxembourg.

Commission of the European Communities (1996a) *Living and Working in the Information Society: People First*, Office for Official Publications, Luxembourg.

Commission of the European Communities (1996b) *Europeans and their Attitudes to Education and Training: Eurobarometer Summary*, Office for Official Publications, Luxembourg.

Commission of the European Communities (1997) *The 1998 Employment Guidelines: Council Resolution of 15 December 1997*, Office for Official Publications, Luxembourg.

Commission of the European Communities (1998a) *Social Action Programme 1998-2000*, Directorate General for Employment, Industrial Relations and Social Affairs, Brussels.

Commission of the European Communities (1998b) *Learning for Active Citizenship*, Directorate General for Education, Training and Youth, Brussels.

Commission of the European Communities (1999) *The 1999 Employment Guidelines: Council resolution of 22 February 1999*, Directorate-General for Employment, Industrial Relations and Social Affairs, Brussels.

Commission on the Future of the Voluntary Sector (1996) *Meeting the Challenge of Change: voluntary action into the 21st century*, National Council for Voluntary Organisations, London.

Cropley, A. J. (1979), Lifelong Education: issues and questions, in A. J. Cropley (ed.) *Lifelong Learning: a stocktaking,* Unesco Institute for Education, Hamburg, 8-27.

Cross, K. P. (1981) *Adults as Learners,* Jossey-Bass, San Francisco.

Dahrendorf, R. (1999) Whatever happened to liberty? *New Statesman*, 6 September

Neuwied.

Buechtemann, C.F. and Soloff, D.J. (1994) Education, Training and the Economy, *Industrial Relations Journal,* 25, 3, 234-46.

Burgoyne, J. (1999) Designs of the Times, *People Management*, 3 June 1999, 39-44.

Bynner, J. and Parsons, S. (1998) *Use it or Lose it? The impact of time out of work on literacy and numeracy skills*, Basic Skills Agency, London.

Byrne, D. (1999) *Social Exclusion,* Open University Press, Buckingham.

Cable, V. (1995) The Diminished Nation-State: a study in the loss of economic power, *Daedalus*, 124, 2, 25-53.

Cadbury Schweppes (1999) *Managing for Value: Annual Report 1998*, Cadbury Schweppes plc, London.

Campaign for Learning (1998) *Attitudes to Learning '98: MORI state of the nation survey*, Campaign for Learning, London.

Campbell, C., Wood, R. and Kelly, M. (1999) *Social Capital and Health*, Health Education Authority, London.

Campbell, M., Sanderson, I., and Walton, F. (1998) *Local Responses to Long-term Unemployment*, Joseph Rowntree Foundation, York.

Candy, P., Crebert, G. and O'Leary, J. (1994) *Developing Lifelong Learners through Undergraduate Education*, National Board of Employment, Education and Training, Canberra.

Cannell, M. (1999) Tradition before technology, *People Management,* 8 April 1999, 35.

Cannell, M., Ashton, D., Powell, M. and Sung, J. (1999), Ahead of the field, *People Management*, 22 April, 48-9.

Castells, M. (1989) *The Informational City: information technology, economic re-structuring and the urban-regional process*, Blackwell, Oxford.

Castells, M. (1998) *End of Millenium*, Blackwell, Oxford.

Chaney, D. (1998) The New Materialism? The challenge of consumption, *Work, Employment and Society*, 12, 2, 533-44.

Cherfas, J. (1992) Two weeks to save the planet, *New Scientist*, 29 February.

Chittenden, M. (1998) Modern face of mnemonics ends memory man's unforgettable run, *Sunday Times*, 22 November.

Cochinaux, P. and de Woot, P. (1995) *Moving Towards a Learning Society,* Conseil des Recteurs Européens/European Roundtable of Employers, Geneva/Brussels.

Coffield, F. (1999) Introduction: lifelong learning as a new form of social control? pp.

Bentley, T. (1998) *Learning Beyond the Classroom: Education for a changing world,* Routledge/DEMOS, London.

Blaug, M. (1985) Where are we Now in the Economics of Education? *Economics of Education Review*, 4, 1, 17-28.

Blaxter, L. and Tight, M. (1994) Juggling with Time: how adults manage their time for lifelong education, *Studies in the Education of Adults,* 26, 2, 162-79.

Blaxter, L., Hughes, C. and Tight, M. (1996) Living lifelong education: the experiences of some working class women, *Adults Learning,* 7, 7, 169-71.

Blaxter, L., Hughes, C. and Tight, M. (1997) Education, Work and Adult Life: how adults relate their learning to their work, family and social lives, pp. 135-47 in P. Sutherland (ed.), *Adult Learning: a reader,* Kogan Page, London.

Boshier, R. (1998) Edgar Faure after 25 Years: down but not out, pp. 3-20 in J. Holford, P. Jarvis and C. Griffin (eds.), *International Perspectives on Lifelong Learning*, Kogan Page, London.

Bounds, A. (1999) Survey – World's Most Respected Companies, *Financial Times*, 7 December.

Bourdieu, P. (1984) *Distinction: A social critique of the judgement of taste*, Routledge, London.
（石井洋二郎訳『ディスタンクシオン：社会的判断力批判』新評論，1989年）

Bourgeois, E., Duke, C., Guyot, J.-L. and Merrill, B. (1999) *The Adult University,* Open University Press, Buckingham.

Boyle, M., Findlay, A., Lelievre, E. and Paddison, R. (1996) World cities and the limits to global control: a case study of executive search firms in Europe's leading cities, *International Journal of Urban and Regional Research*, 20, 3, 498-517.

Braverman, H. (1974) *Labor and Monopoly Capital: the degradation of work in the twentieth century*, Monthly Review Press, New York.
（富沢賢治訳『労働と独占資本：20世紀における労働の衰退』岩波書店，1978年）

Brockett, R.G. and Hiemstra, R. (1991) *Self-Direction in Adult Learnng: perspectives on theory, research and practice*, Routledge, London.

Brockmann, A. (1999) Fitneßtraining im Kampfanzug, *Die Tageszeitung,* 22 April 1999.

Brödel, R. (1997) Einführung: Erwachsenenbildung in der gesellschaftlichen Moderne, pp. 9-49, in R. Brödel (ed.), *Erwachsenenbildung in der gesellschaftlichen Moderne*, Leske and Budrick, Opladen.

Brödel, R. (1998) Lebenslanges Lernen – lebensbegleitende Bildung, pp. 1-32 in R. Brödel (ed.), *Lebenslanges Lernen – lebensbegleitende Bildung,* Luchterhand,

Encyclopedia of Human Behavior, vol. 4, Academic Press, New York.

Banks, S. (1993) Accrediting Prior Learning for a Professional Qualification, *Adults Learning*, 5, 2, 39-41.

Baptiste, I. (1999) Beyond Lifelong Learning: a call to civically responsible change, *International Journal of Lifelong Education*, 18, 2, 94-102.

Barnett, R. (1990) *The Idea of Higher Education*, Open University Press, Buckingham.

Barrett, W. (1979) *The Illusion of Technique: a search for meaning in a technological civilization*, Anchor Doubleday, New York.

Bauman, Z. (1998) *Work, Consumerism and the New Poor*, Open University Press, Buckingham.

Baynham, M. (1996) Humour as an Interpersonal Resource in Adult Numeracy Classes, *Language and Education,* 10, 2/3, 187-200.

Beck, U. (1992) *Risk Society*, Sage, London.
（東廉監訳『危険社会』二期出版，1988年）

Beck, U. (1996) Risk Society and the Provident State, pp. 27-43 in B. Szerszynski, S. Lash and B. Wynne (eds.), *Risk, Environment and Modernity: towards a new ecology*, Sage, London.

Beck, U. (1997) *Was ist Globalisierung?* Suhrkamp Verlag, Frankfurt-am-Main.

Beck, U. and Beck-Gernsheim, E. (1994) Individualisierung in modernen Gesellschaften – Perspektiven und Kontroversen einer subjektorientierten Soziologie, pp. 10-39 in U. Beck and E. Beck-Gernsheim (eds.), *Riskante Freiheiten*, Suhrkamp Verlag, Frankfurt-am-Main.

Beck, U. and Sopp, P. (1997) Individualisierung und Integration – eine Problemskizze, pp. 9-19 in U. Back and P. Sopp (eds.) *Individualisierung und Integration: Neue Konfliktlinien und neuer Integrationsmodus*, Leske and Budrich, Opladen.

Beinart, S. and Smith, P. (1998) *National Adult Learning Survey 1997*, Department for Education and Employment, Sheffield.

Bélanger, P. (1999) The Threat and the Promise of a ‘Reflexive’ Society: the new policy environment of adult learning, *Adult Education and Development*, 52, 179-95.

Bell, D. (1973) *The Coming of Post-Industrial Society,* Basic Books, New York.
（内田忠夫［ほか］訳『脱工業社会の到来：社会予測の一つの試み』（上，下）ダイヤモンド社，1975年）

Benn, R. (1996) Access for adults to higher education: targeting or self-selection? *Journal of Access Studies*, 11, 2, 165-76.

引用・参考文献

Abercrombie, N. and Urry, J. (1983) *Capital, Labour and the Middle Classes*, George Allen and Unwin, London.

Adick, C. (1992) Modern Education in 'Non-Western' Societies in the Light of the World Systems Approach in Comparative Education, *International Review of Education*, 38, 3, 241-55.

Adult Education Committee of the Ministry of Reconstruction (1919) *Final Report*, His Majesty's Stationery Office, London.

Aldcroft, D. H. (1992) *Education, Training and Economic Performance*, 1944 to 1990, Manchester University Press, Manchester.

Alheit, P. (1992) The Biographical Approach to Adult Education, pp. 186-221 in W. Mader (ed.), *Adult Education in the Federal Republic of Germany: scholarly approaches and professional practice*, University of British Columbia, Vancouver.

Alheit, P. (1994) *Zivile Kultur: Verlust und Wiederaneignung der Moderne*, Campus Verlag, Frankfurt-am-Main.

Alheit, P. (1999) On a contradictory way to the 'Learning Society': a critical approach, *Studies in the Education of Adults*, 31, 1, 66-82.

Anderton, B., Riley, R. and Young, G. (1999) *The New Deal for Young People: first year analysis of implications for the macroeconomy,* Research and Development Report ESR33, Employment Service, Sheffield.

Argyris, C. and Schön, D. (1978) *Organizational Learning: a theory of action perspective*, Addison-Wesley, Reading.

Armistead, C. (1994) *The Future of Services Management*, Kogan Page, London.

Arthur, M. B., Inkson, K. and Pringle, J. K. (1999) *The New Careers: individual action and economic change*, Sage, London.

Atkinson, J. (1999) *The New Deal for Unemployed Young People: a summary of progress*, Institute for Employment Studies, Brighton.

Axmacher, D. (1989) Widerstand gegen Erwachsenenbildung als historischer und theoretische Kategorie, *Zeitschrift für Sozialisationsforschung und Erziehungssoziologie*, 9, 1, 23-40.

Ball, C. (1991) *Learning Pays: the role of post-compulsory education and training*, Royal Society of Arts, London.

Bandura, A. (1994) Self-efficacy, pp. 78-81 in V.S. Ramachaudran (ed.),

ま

や

ら

は

た

な

さ

索　　引

[訳者紹介]

矢野 裕俊（やの ひろとし）大阪市立大学大学院創造都市研究科教授（中等教育論）

埋橋 孝文（うずはし たかふみ）日本女子大学人間社会学部教授（社会保障論）

赤尾 勝己（あかお かつみ）関西大学文学部教授（生涯学習論）

伊藤 知子（いとう ともこ）翻訳業（比較教育学）

生涯学習と新しい教育体制

2004年6月10日　第1版第1刷発行

著　者　ジョン・フィールド
訳　者　矢野裕俊・埋橋孝文
　　　　赤尾勝己・伊藤知子

発行者　田　中　千津子
発行所　株式会社　学　文　社

〒153-0064 東京都目黒区下目黒3-6-1
電話　03（3715）1501㈹
FAX　03（3715）2012
http://www.gakubunsha.com

乱丁・落丁の場合は本社でお取替します。
定価は売上カード，カバーに表示。

印刷／シナノ印刷

ISBN 4-7620-1326-9